FOR AMICABLE INTERPERSONAL RELATION

KB088876

THINK AND EXPRESS

원만한 대인관계를 위한

사고와 표현

우경환 / 정은희 / 임남구 지음

IRM 영림미디어

원만한 대인관계를 위한

사고와 표현

첫째판 1쇄 인쇄 2015. 3. 10
첫째판 1쇄 발행 2015. 3. 16

지 은 이 우경환, 정은희, 임남구
발 행 인 이혜미, 손상훈
편집·디자인 전주연

발행처 (주)영림미디어
주 소 (121-894) 서울 마포구 서교동 375-32 무해빌딩 2F
전 화 (02)6395-0045 / 팩스 (02)6395-0046
등 록 제2012-000356호(2012.11.1)

이 도서의 국립중앙도서관 출판예정도서목록(CIP)은 서지정보유통지
원시스템 홈페이지(http://seoji.nl.go.kr)와 국가자료공동목록시스템
(http://www.nl.go.kr/kolisnet)에서 이용하실 수 있습니다.(CIP제어번호:
CIP2015001588)

*파본은 교환하여 드립니다.
*검인은 저자와의 합의하에 생략합니다.

ISBN 979-11-85834-15-3(03700)
정가 15,000원

원만한 대인관계를 위한

사고와 표현

IRM 영림미디어

현대사회에서 개인의 능력을 평가하는 요소는 여러 가지가 있겠지만, 그중에서도 가장 중요한 요소는 상대방이 즐겁고 손쉽게 이해할 수 있는 맛깔스런 글쓰기와, 상대방과 재미있고 매끄럽게 대화를 할 수 있는 호감 가는 의사소통 능력, 자신의 생각을 자신감을 가지고 아름답고 조리 있게 상대방에게 표현할 수 있는 발표능력이다.

인터넷의 발달로 통신언어나 신조어, 외계어를 자주 사용하는 것을 볼 수 있다. 일상생활에서 자신의 생각을 글로 표현 할 때 신조어나 외계어 사용을 지양하고 누구나 한글을 바로 알고 표준에 사용을 할 수 있도록 도움을 주고자 하였고 취업을 위한 이력서와 자기소개서, 직장인이 참고하면 좋은 기획안과 보고서, 또한 일반적인 글쓰기 내용을 실어 도움이 되고자 하였다.

우리는 사람들과 함께 아울러 살아가면서 의사소통을 위해 대화를 한다. 호감 가는 의사소통은 대화가 원활하게 진행되어야 원만한 대인관계를 유지 발전할 수 있으며, 자신의 목표를 달성할 수 있는 중요한 의미를 갖는다.

현대사회를 '대화의 시대' '협상의 시대'라 말하듯이 말은 단순한 의사전달이나 소통만을 위한 방편이 아니라 그 사람의 인격을 나타내고, 가치를 결정한다.

'말 한마디에 천 냥 빚을 갚는다'라는 속담도 있지만 표현하는 방법을 몰라서 또는 쑥스러워서 자기가 생각한 것을 올바르게 표현을 하지 못하여 오해를 받게 되거나 의사소통이 원만하게 되지 않는 경우도 있다. 따라서 이 책에서는 이런 고민을 해결하여 주고자 하였고 호감 가는 대화를 중심으로 언어 능력을 키우는 방법을 알기 쉽게 설명하는 동시에 이 능력을 실제 인간관계 속에서 발전시켜나갈 수 있도록 했다. 따라서 현실적인 상황을 설정한 예문도 다양하게 실었다.

발표란 자신의 생각과 의지를 상대방에게 적극적으로 호소하여 상대방으로 하여금 감동을 받고 자신의 생각에 호응하여주고 동질감을 갖게 해주는 것으로, 발표 능력이 향상되면 사업적인 의사소통은 더 깊이 있고, 풍부하게 전개될 것이며, 좋은 인간관계 구축과 유익한 대화를 통해 인간관계를 긍정적으로 발전시킬 수도 있다.

학생들은 대학을 졸업하고 사회에 첫발을 내딛기도 전에 취업이란 과정에서 검증을 받게 된다. 따라서 맛깔스런 글쓰기와, 호감 가는 의사소통법과, 자신을 알리는 발표력을 향상시키는 방법을 알기 쉽게 설명하는 동시에 이 능력을 실제 인간관계 속에서 발전시켜나갈 수 있도록 했다. 따라서 구체적인 상황을 설정한 예문도 다양하게 실었으며, 이와 같은 목표를 달성하기 위해 본서는 다음과 같이 구성하였다.

제1부 글쓰기 전략에서는 제1장 맛깔스런 글쓰기, 제2장 맛깔스런 글쓰기에 도움을 주는 기법, 제3장 실용적 글쓰기, 제4장 나를 알리는 글쓰기, 제5장 한글의 올바른 이해로 구성하였다.

제2부 호감 가는 의사소통에서는 제1장 의사소통, 제2장 듣기, 제3장 말하기, 제4장 칭찬하기, 제5장 대화로 구성하였다.

제3부 발표의 실제에서는 제1장 자기소개 하기, 제2장 프레젠테이션으로 구성하였다. 부록에서는 취업전략으로서 면접, 성공면접, 면접 이미지메이킹으로 구성하였다.

아무쪼록 이 책이 일반인은 물론 대학생과 취업을 앞둔 사람들에게 유용하게 활용되었으면 하는 바람과 더불어 어려운 여건 속에서도 처음부터 본서가 완성되기까지 세세한 부분까지 챙겨주시고, 지원하여 주신 (주)영림미디어 임직원분들께 깊은 감사를 드립니다. 끝으로 일과 인생에서 성공하고 싶어 하는 여러분에게 올바른 인간관계를 형성하고 대인관계 향상에 본서가(이 책이)도움이 되길 진솔하게 기원합니다.

저자진 일동

목차 CONTENTS

CONTENTS

1부

글쓰기 전략

1장

맛깔스런 글쓰기

1. 글쓰기의 이해

사람은 사회적인 존재로 말과 글 모두 사회생활에 없어서는 안 될 중요한 의사 소통의 수단이다. 현재와 같은 지식사회에서는 특히 논리적으로 전달하는 소통능 력이 매우 필요하다.

'한 번 엎지른 물은 주워 담지 못한다.'는 속담은 '이미 내뱉은 말은 다시 원래 대로 되돌리지 못한다는 뜻'으로 말하기의 중요성을 나타내는 것이다.

글쓰기는 말하기와는 달리 자신의 내면에 있는 생각과 감정을 정리하여 다듬 고 적절한 언어를 골라 써야 하므로 원활한 의사소통을 할 수 있는 것이 글쓰기 의 장점이라고 할 수 있다. 글쓰기는 단순히 생각이나 지식을 전달하는 것 뿐 아 니라 자신의 의견을 글로 표현하는 중요한 역할을 담당한다.

일상생활에서 자신의 생각을 글로 표현해야 할 때는 많다. 업무상, 사업상으로 만 글쓰기가 필요한 것이 아니라 학생, 직장인, 일반인 누구에게나 글쓰기가 필 요하다. 업무상 이메일을 주고받거나 기획안이나 보고서 작성, 그 밖의 공식적인 의사전달도 주로 글을 통해 이루어진다.

대학생은 좋은 성적을 받기 위해 글쓰기를 통하여 과제를 제출하고, 교수는 글 쓰기를 통하여 평가를 한다. 취직을 하려고 할 때에도 글쓰기가 필요하다. 제출하는 서류로는 이력서와 자기소개서를 작성해 제출해야 하는데 회사에서는 이력서와 자기소개서를 통해 면접을 결정하게 된다. 또한 이력서와 자기소개서가 합격 여부에도 영향을 미치게 됨으로 자기 자신을 회사에 적합한 사람이라는 것을 알리기 위해서는 글쓰기 능력을 통하여 보여주어야 한다.

2. 글쓰기의 중요성

현재 인터넷의 발달은 역설적으로 글쓰기의 중요성을 증가 시켰다. 페이스북(Facebook)과 트위터(Twitter)를 통해 개인의 의견이나 생각을 공유하고 친구와 메시지를 교환하고 각종 정보와 함께 소통을 하는 것 또한 글을 써야 한다. 이처럼 글쓰기는 생활하는데 꼭 필요하기 때문에 자신을 효과적으로 표현하고 지식과 정보를 전달하는데 있어서도 논리적으로 표현할 줄 아는 사람이 빠르게 성공할 수 있기 때문에 글을 맛깔스럽게 잘 쓰는 것은 매우 중요하다.

또한 우리가 살아가는 21세기는 치열한 경쟁의 사회에서 어휘력이 풍부하고 표현력이 좋은 사람이 그렇지 못한 사람보다 사회생활을 하는데 유리할 뿐 아니라 글쓰기를 잘한다면 경쟁력을 갖게 되는 것이다.

> 글쓰기는 글쓰기를 통해서만 배울 수 있다. 바깥에서는 어떤 배움의 길도 없다.
>
> – 나탈리 골드버그–

3. 맛깔스런 좋은 글쓰기 요건

좋은 글이란 생각과 사고를 아름다운 문자로 표현하는 문장력이다. 글을 잘 쓰기위해서는 자신이 말하고 싶은 것을 먼저 생각을 하고 정리한 후에 논리적으로 어법에 알맞게 글을 쓰는 것이다. 그다음 정리할 때에는 문법과 철자법, 글의 짜임새와 단어 선택, 명확한 주장 등을 재검토하여 수정하고 다듬어야 좋은 글이

탄생된다. 사람에게 메시지를 전달하고자 할 때에는 내용이 명료하게 표현되어야 독자에게 필자가 주장하는 내용을 효과적으로 전달될 수 있다. 그러기위해서는 서론, 본론, 결론이 서로 논리적으로 연관성을 가지고 있어야 한다. 또한 자기 생각을 정확하고도, 이해하기 쉬운 말로 써야 읽는 사람에게 정확하고도 효율적으로 전달할 수 있다. 단어나 구절은 적절한 곳에 배치해야 읽는 사람이 한눈에 문장의 뜻을 파악할 수 있으며, 숫자, 날짜 등은 위치에 따라 뜻이 완전히 달라질 수 있으므로 가능하면 나란히 붙여놓지 말아야 한다. 그 다음에는 맞춤법, 띄어쓰기, 비문 등 형식적인 측면에 유의하며 글을 써내려간다면 맛깔스런 글을 탄생시킬 수 있다.

맛깔스럽게 좋은 글을 쓰는 요건은 다음과 같다.
　① 주제의 명료성
　② 표현의 정확성
　③ 글의 일관성
　④ 글의 통일성
　⑤ 내용의 충실성과 정확성
　⑥ 어휘 선택의 적절성
　⑦ 글의 완결성, 문법과 어문 규범 준수
위의 요건들을 만족시켜야 맛깔스러운 좋은 글의 요건들을 갖추었다고 할 수 있다.

4. 글쓰기의 기초

1) 글을 쓰는 목적이 무엇인지 파악하기

　글을 쓸 때는 목적을 분명하게 해야 한다. 이 글을 왜 쓰는지, 글을 쓰게 된 동기와 목적이 무엇인지를 확실하게 알고 시작해야 글의 주제에서 벗어나지 않고 글을 쓰는 목적에 어울리는 글을 쓸 수 있다.

2) 글을 읽는 대상은 누구인지 파악하기

자신의 글이 어떤 독자를 대상으로 하는지 분명하게 인식하고 글을 써나가야 한다. 직장에서 흔히 쓰는 기획안이나 보고서는 읽는 사람이 정해져 있으므로 독자의 성격에 어울리는 내용과 형식을 갖추어 작성한다.

3) 글을 읽는 사람의 수준에 맞게 써야 한다

일반 글은 읽는 사람이 누구인지에 따라 배려해서 수준에 맞게 글을 써야 한다. 외래어나 전문용어를 사용하여 상대방이 무슨 뜻인지 알지 못한다면 제대로 소통했다고 할 수 없기 때문이다. 그러나 기획안이나 보고서는, 관련 분야의 사람들을 위한 글이므로 전문용어나 어려운 표현을 사용해도 관계자들은 충분히 이해할 수 있으므로 별문제가 되지 않는다. 또한 자세하게 풀어 설명하는 것보다 오히려 전문용어를 적절하게 사용하는 것이 간결하고 이해를 빠르게 할 수도 있다.

4) 무엇에 대해 쓸지를 분명하게 하라

소재 · 제재 · 주제를 결정하지 않으면 몇 줄을 써 내려가다가 다음에 작성할 글이 생각나지 않아 머뭇거리게 된다. 무엇에 대해 쓸 것인지 확실하게 결정한 다음에 글쓰기를 시작해야 막힘없이 써 내려갈 수 있다.

글쓰기에서 소재 · 제재 · 주제 가운데 한 가지만 정해지고 나머지는 결정되지 않았다면 전체적으로 '무엇'이 정해지지 않은 것과 같다.

소재, 제재, 주제의 차이

① 소재 : 글쓰기의 바탕이 되는 구체적인 재료. 즉 글에서 다루어지는 글감을 뜻한다. 즉, 얘깃거리, 행동, 감정, 환경, 사람들의 생활 등 구체적인 어떤 대상이나 행위, 사건 모두가 소재가 될수 있다.

② 제재 : 글을 통해 전달하고자 하는 글쓴이의 중심생각을 의미한다. 즉, 글의 중심이 되는 재료. 소재 중에서 글쓴이가 주로 관심을 갖고 주목하는 중심적인 측면이나 속성, 예술 작품이나 학술 연구의 바탕이 되는 재료를 말한다.

③ 주제 : 글쓴이가 표현하고 싶은 메시지로, 제재에 글쓴이가 어떤 의미나 가치를 부여해 글 전체의 중심적인 의미나 사상으로 삼은 것. 즉, 글쓴이가 말하고자 하는 중심 내용과 궁극적으로 말하고 싶은 것을 말한다.

5) 소재가 풍부해야 한다

주제가 독창적이면 글의 내용이 참신해 읽는 사람의 관심과 흥미를 끌 수 있다. 참신한 주제를 설정하는 일이 쉽지는 않지만 누구나 선정하는 흔한 주제는 피해 가는 것이 좋다. 일상생활에서 누구나 이야기할 수 있는 주제는 참신할 수 없을 뿐 아니라 글을 읽는 독자의 흥미를 끌 수도 없다.

6) 주제가 명확해야 한다

주제를 명확하게 하려면, 하나의 주제만 담아야 한다. 하나의 글에서 두 가지 이상의 주제를 밝히면 글의 흐름이 다른 방향으로 갈 수도 있기 때문에 하나의 주제를 중심으로 소재를 정리하고 전체적인 글의 내용이, 일관성 있게 통일성을 갖추어야 한다.

5. 글쓰기의 과정

글을 쓰는 과정은 글쓰기 전 단계인 '계획하기', 글 쓰는 단계인 '내용 작성하기', 글쓰기 후 단계인 '고쳐 쓰기' 3단계로 나눌 수 있다. 글쓰기의 과정은 모든 단계가 중요하지만, 좋은 글을 완성하기 위해서는 사전 준비 단계인 '계획하기'는 가장 중요하기 때문에 신경을 써야 한다.

1) 계획하기

계획을 세우는 일은 매우 중요하다. 시작단계에서 주제를 정하고 내용을 구성하며, 개요를 작성하는 것이 글의 성공 여부를 좌우한다. '계획하기'에는 '주제 설정', '자료수집과 분석', '구상하기' 등으로 나누어진다.

무엇을, 누구에게, 어떻게 쓸 것인지를 계획했다면, 무엇을 쓸 것인지, 글을 읽는 대상은 누구인지, 글의 시작과 본문 그리고 마무리는 어떻게 할 것인지가 모두 '계획하기' 단계이다.

(1) 주제 설정

글을 쓸 때에는 가장 먼저 '무엇에 대해 어떻게 쓸 것인가'를 생각해야 한다. 분명한 주제가 결정되어야 어떻게 전개해 나갈지를 구상할 수 있는데, 평소 관심이 있거나 잘 알고 있는 분야 중에서 주제를 찾는 것이 좋다. 여러 가지 배경 지식이나, 경험을 바탕으로 하여 글을 쓰게 되면 생동감 있는 글을 자신 있게 쓸 수 있기 때문이다. 주제가 결정되면 글의 전체적인 틀을 구상하여 예비 개요를 작성한다. 개요는 주제를 효과적으로 드러내기 위해 글을 어떤 방향으로 전개해 나가는 대략적인 구성을 말하는데 개요 작성이 상세히 되어 있으면, 글의 연결을 부드럽게 할 수 있고, 전체적인 통일성을 유지할 수가 있기 때문에 글을 작성하기가 비교적 쉽다. 계획을 세우고 주제를 설정하면 작성단계에서 수정해야 할 경우가 생기는데 이럴 경우 먼저 교정을 보고 수정을 해야 시행착오를 줄일 수 있다.

(2) 자료수집과 분석

글의 주제를 선택한 후, 관련된 자료를 수집하고 분석하면서 사전 준비를 해야한다. 자료가 풍부하고 다양할수록 그 만큼 내용이 충실하고 좋은 글을 쓸 수 있기 때문이다. 자료를 수집할 때는 출처가 분명하고 신빙성 있는 자료를 수집하여야 잘못된 통계로 인한 사실왜곡의 가능성을 줄일 수 있다. 여러 자료들을 종합적으로 검토하여 각 자료들의 장단점을 검토하고, 정확하고 객관적인 자료를 준비해야 한다. 또한 주제를 부각시키는 데 도움이 될 만한 흥미롭고 참신한 내용과 글의 이해를 도울 수 있는 통계와 도표, 그림 자료 등을 사용하면 좋다.

(3) 구상하기

'구상'이란 주제에 맞게 어떤 순서로 써 나갈 것인지 생각하고 정리하는 것을 말한다. 논리적인 맥락으로 글의 짜임을 구성할지 결정해야 한다. 동일한 관점, 동일한 어투 등일정한 방향에 맞추어 일관성 있게 이야기를 풀어 유기적으로 연결되어야 한다. 서술전략이 분명하면 생각보다 작성하기가 쉬워진다.

2) 내용 작성하기

주제를 설정하고 개요를 작성하는 과정이 끝나면 본격적인 글쓰기 단계로 들어간다. 아무리 주제를 잘 선택하고 구상을 잘했다 하더라도 제대로 써 내려가지 못한다면 의미가 없을 것이다.

(1) 서론

흥미를 유발하기 위해, 주제와 관련된 재미있는 예화나 경험을 소개하거나 또는 인용을 하기도 하고, 문제 제기나 주제 소개, 혹은 앞으로 전개될 글의 방향과 방법론을 밝힐 수도 있다. 서론은 되도록 간략하고 함축적으로 쓰는 것이 좋다.

(2) 본론

서론에서 제기한 주제를 하나씩 풀어나가는 과정으로 글의 대부분을 차지한다. 작성한 개요에 따라 하고 싶은 말을 논리적, 구체적으로 차분하고 조리 있게 서술하고 복잡한 내용은 도표를 사용해 처리하는 것이 좋다. 도표와 같은 시각적인 자료는 독자의 흥미를 유발할 수 있는 중요한 요소가 되기도 하므로 핵심적인 내용을 간추려 도표로 보여 주면 일목요연해져 글의 내용을 이해하는 데 도움이 된다.

(3) 결론

본론에서 언급한 주요 내용을 요약하고 주제와 관련된 자신의 견해를 제시하면서 마무리 짓는 단계이다. 이때 자신이 미처 다루지 못한 내용이 있다면 향후 과제로 제시하기도 한다.

3) 고쳐 쓰기

고쳐 쓰기는, 작성한 글을 검토하고 수정하는 모든 작업을 의미한다. 어휘가 적절한지, 문법에 맞는 표현인지, 문장이 어색하지는 않은지 등 글을 다 쓴 후에는 반복해 읽고 또 읽으면서 자신이 쓴 글이 주제와 개요에 맞게 작성되었는지, 전체적인 구성은 짜임새 있게 되었는지, 맞춤법과 띄어쓰기에 오류는 없는지, 비문법적인 표현은 없는지, 등을 반복해서 검토하고, 고쳐 쓰는 과정을 거쳐야 한다. 훌륭한 내용의 글을 썼다고 하더라도 맞춤법, 띄어쓰기, 단락 나누기, 비문 등의 오류가 보이면 독자에게 좋은 인상을 줄 수 없다.

2장

맛깔스런 글쓰기에 도움을 주는 기법

1. 아이디어 짜내기(Brainstorming) : 함께하는 생각 끌어내기 기법

Brainstorming은 Alex F. Osbom에 의해 1941년 미국의 한 광고대리점에서 기발한 아이디어를 얻기 위한 방법으로 연구된 것이다. '두뇌 폭풍'이라는 말뜻 그대로 특정한 주제 또는 문제에 대해 두뇌에서 폭풍이 휘몰아치듯이 생각나는 아이디어를 밖으로 내놓는 것이다.

아이디어를 살리기 위한 새로운 회의 기법으로 처음 시작된 이 회의 방식은 소집단의 효과를 살리고 끊임없는 아이디어의 '연쇄반응'을 불러일으키기에 충분한 회의 방법이다.

1) 아이디어 짜내기 기법 활용

아이디어 짜내기는 일정한 주제에 대하여 참석자의 자유로운 발상과 생각을 가장 효과적으로 끄집어내는 기법으로 발언을 통해 창조적인 생각을 찾아내는 일이다. 글쓰기에서 글감을 찾을 때 아이디어 짜내기를 이용하기도 한다.

대다수 사람들은 어떤 주제에 대해 토론을 할 때, 나의 의견이 상대방에게 어떻게 받아들여질까 두려워하고 하고 싶은 말이 있어도 주저하거나 망설이는데 창의성이나 아이디어는 남들이 쉽게 생각하지 못하는 생각 속에서 나오므로, 이치에 맞지 않는 엉뚱한 아이디어라도 망설이지 말고 내놓아야 한다. 제각기 자유롭게 의견을 말하는 가운데 독창적인 아이디어가 튀어나온다. 고정관념의 틀에서 벗어나 자유롭게 소재들을 찾아내는 아이디어 짜내기 기법을 활용해보자.

아이디어 짜내기는 개인과 집단에서 모두 사용할 수 있는데 일반적인 토론방식과는 다르다. 집단의 아이디어 짜내기는 토론문, 팀별 보고서 등 집단이 공동으로 글쓰기 작업을 할 때, 어떤 문제의 해결책을 찾기 위해 여러 사람이 생각나는 대로 마구 이야기를 쏟아내는 방법이다.

자신이 주장하고 하고 싶은 이야기가 무엇인지 주어진 소재와 관련되어 머릿속에 떠오르는 생각들을 열거하다보면 자신이 쓰고 싶은 주제를 구체적으로 찾을 수 있기 때문에 아이디어 짜내기를 글쓰기에 활용을 하면 순조롭게 글을 써내려가는데 도움이 된다.

아이디어 짜내기 진행순서는 문제의 확인→ 집단의 구성→ 문제의 제시→ 진행→ 정리로 이루어진다.

2) 아이디어 짜내기 장점

① 개인의 생각이 존중되므로 창의적인 생각을 더욱 발전시킬 수 있다.
② 아이디어의 생산성이 향상된다.
③ 표현능력을 키울 수 있다.
④ 활용하기가 용이하다.
⑤ 상호작용을 통한 협동적인 학습을 할 수 있다.

3) 아이디어 짜내기 원칙

아이디어를 내기위해 회의를 할 때에는 먼저 모든 참석자들이 다음 3가지 규칙을 지켜야만 효과가 있다.

① 상대를 비판을 하지 않는다.

② 자유분방하게 서로의 의견을 낼 수 있도록 부담 없는 편안한 분위기를 만든다.

③ 많은 아이디어를 내놓는다.

2. 메모하기

일반적으로 글쓰기는 매우 어렵고 부담스럽게 생각할 뿐 아니라 글을 쓰기 전 두려움이 앞선다. 메모는 기억력의 한계를 극복하는 매우 유용한 수단으로, 머릿속에 떠오르는 생각들이나 아이디어는 망설이지 말고 언제 어디서든 바로 문장으로 메모하는 것이 글쓰기에 도움이 된다.

1) 메모 요령과 필요성

우리 일상에서 주변을 돌아보고 관심을 갖고 대하다 보면 생각지 않게 좋은 글감을 만나거나 아이디어가 떠오를 때가 있다. 수첩과 볼펜을 휴대하고 다니며 좋은 생각이나 아이디어가 떠올랐다 하면 언제나 메모를 하면 좋다. 제아무리 기억력이 좋은 사람이라 해도 그것을 제때 기록해 두지 않는다면 시간이 지나면 잊어버리게 되지만 메모를 하면 기억을 더듬어 생각 할 필요가 없다. 메모를 보고 다른 정보를 관련시키면서 자신의 머릿속에 있는 아이디어를 구체화 하는 것이 가능하다.

책을 읽을 때에도 그 글의 주제가 무엇인지를 파악하고 작가의 관점과 내 관점을 비교해 본다. 또한 책을 읽고 떠오른 아이디어나 느낀 점을 기록해 두고 수시로 좋은 예화나 글 쓰는 데 도움이 될 만한 자료를 모아 둔다면 나중에 글을 쓸 때 아주 요긴하게 사용할 수 있다.

꾸준히 글을 잘 쓰는 사람일수록 평소에 이처럼 꼼꼼히 메모하고 열심히 자료를 수집한다.

2) 메모하는 습관

메모하는 습관은 글쓰기와 직접적인 관련이 있다. 메모 자체가 글쓰기다. 메모로 남겨진 내용은 글쓰기의 재료가 된다. 느낌까지 적어두었다가 글을 쓸 때 활용하면 생생함이 살아나고 여러모로 글 솜씨가 좋아지는 것은 틀림없다. 메모는 키워드나 기호만으로 충분하다. 메모는 남에게 보여주기 위한 것이 아니라 나중에라도 본인만 알아볼 수 있으면 되기 때문에 굳이 예쁜 글씨로 쓰지 않아도 된다. 누구나 오래전 일들을 다 기억할 수는 없을 것이다. 모임 장소에서 건배제의를 하는 것을 보고, 건배내용이 좋아서 '나도 다음에 저렇게 건배제의를 해 봐야지'라고 생각했지만, 막상 건배제의를 할 자리에서는 아무것도 생각이 나지 않은 적이 있었다. 떠오르는 생각을 그때그때 메모해 놓지 않으면 아이디어의 상당 부분을 잊어버리는 경험을 했기 때문에 이제는 밥을 먹다가도 어떠한 생각이 떠오르면 다음으로 미루지 않고 수첩과 볼펜을 먼저 찾게 되었다. 잠자리에 들었을 때에도 물론 귀찮아하지 않고 즉시 메모를 한다. 이렇게 메모하는 것이 습관이 되고 보니 일상생활에서도 여러 가지로 많은 도움이 된다. 우선순위를 정해 일을 하게 되고 무엇보다 시간활용을 잘할 수 있다. 약속이 생기면 그 자리에서 수첩과 휴대폰 달력에 기입을 하니 약속도 놓치지 않는다. 언제 어느 곳에서든 좋은 얘깃거리가 떠오르면 때론 휴대폰 메모장을 이용하기도 한다. "다시 생각나겠지." 또는 "조금 뒤에 메모해야지."했다가는 낭패를 본다. 아이디어는 휘발성이 강하다. 또한 발상과 영감은 쉽게 증발한다. 머리에 머무는 시간은 순간에 그치기 때문에 메모를 해야 내 것이 된다.

또한 신문과 잡지, 대화 등에서 흥미를 가졌던 정보와 인상적이었던 일들을 평소에 메모해 두면 새로운 아이디어로 활용할 수 있다. 게다가 메모를 습관화 하면 관찰력과 이야기의 요점을 정리하는 능력(요약 능력)이 몸에 붙는다. 나중에 글쓰기가 필요할 때 많은 시간을 들이지 않고도 용이하게 메모 해둔 자료를 이용할 수 있기 때문에 메모를 잘하면 일의 효율이 올라간다.

3) 메모를 하는 시점

① 참고가 될 만 한 점을 발견했을 때

② 무언가 착안 했을 때

③ 의문을 가졌을 때

④ 성공이나 실패를 했을 때

4) 메모 내용

① 긍정적인 명언

② 칭찬 받았던 일

③ 갖고 싶은 것과 하고 싶은 일

④ 조사할 것들 리스트

⑤ 격언, 속담, 건배사, 유머 등

5) 메모의 7가지 기술

① 언제 어디서든 메모하라

② 주위 사람들을 관찰하라

③ 메모하는 시간을 따로 마련하라

④ 중요 사항은 한눈에 띄게 하라

⑤ 기호와 암호를 활용하라

⑥ 메모를 데이터베이스로 구축하라

⑦ 메모를 재활용하라

– 시카토 켄지(고은진 옮김)의 '메모의 기술' 중 –

[사례]

성공하는 사람에겐 반드시 메모가 있다

미국의 에이브러햄 링컨 대통령은 늘 모자 속에 노트와 연필을 넣고 다니면서 좋은 생각이 떠오르거나 유익한 말을 들으면 즉시 메모하는 습관을 들였고, 발명왕 토머스 에디슨도 펜과 종이를 항상 휴대하고 다니면서 장소를 불문하고 메모를 했는데 평생 동안 메모한 3,500권의 노트에 자신의 아이디어를 기록하고 막혔을 때 다시 보는 습관이 있었다고 한다. 역사 속에 천재로 등장하는 아이슈타인 또한 에디슨과 마찬가지로 외출 시에는 항상 종이와 펜을 가지고 다니면서 무언가 아이디어가 떠오르면 어떤 상황이라도 중단하고 내용을 메모장에 기입했다고 한다. 또한 옷에 악상을 그렸던 슈베르트, 레오나르도 다빈치 역시 메모광이었다고 한다. 그리고 대한민국 축구를 4강으로 이끈 주역, 히딩크 전 국가대표 감독도 메모의 달인이었다. 샤워를 하다가도 좋은 생각이 있다면 그 자리에서 바로 메모를 하였고 히딩크 메모법 중 유명한 또하나는 휴대용 소형 녹음기를 항상 휴대하고 다니며 운동장에서 선수들을 지휘하다가도 개선해야 할 점이나 아이디어가 떠오를 때면 그 자리에서 자신이 준비한 녹음기에 중얼거리며 녹음을 하며 다니는 히딩크의 메모 리더십 일화는 유명하다. 2002년 월드컵의 4강 신화를 달성한 것은 모두 수시로 메모로 수집한 다양하고 체계적인 데이터를 바탕으로 이를 팀 전술에 참고 하여 승리를 이끈 것도 메모의 대단한 힘이라고 할 수 있다.

아무리 머리가 좋은 사람도 메모를 해야 한다. 40기가의 용량도 언젠가는 한계에 부딪치는 법이기에. 머리 좋은 그 사람이 메모를 한다면 보다 많은 기억용량을 확보하는 셈이 된다.

– 히딩크 리더십 中

나는 일상생활 도중 머릿속에 뭔가 떠오를 때면 그때마다 잊어버리지 않도록 만년필로 메모를 하고 골똘히 생각합니다. 그러니 내겐 메모하고 계산 할 수 있는 만년필과 필요 없는 메모지를 버릴 수 있는 휴지통만 있으면 됩니다.

– 아인슈타인

3장

실용적인 글쓰기

누구나 글을 잘 쓰고 싶어 할 것이다. 자신의 생각과 감정을 글로 표현하고 직장 등 실생활에 필요한 글쓰기를 할 수 있는 능력을 원한다. 아울러 일반인이 관심을 갖는 것은 문학적인 글쓰기가 아니라 실용적인 글쓰기이다. 하지만 무엇에 대해 써보려고 하면 마음같이 되지 않고 한참을 생각해도 앞이 꽉 막히고 글이 선뜻 써지지 않는다. 심지어는 블로그에 댓글 한줄 달기도 망설여지고 휴대전화로 문자메시지를 보내려 해도 무엇을 써야 할지 시작하기 어렵다. 직장인들은 기획안이나 보고서를 제대로 쓰지 못해 힘들어 하고, 취직을 하려는 사람은 자기소개서를 어떻게 써야 할지 감이 잘 잡히지 않는다. 일상적인 글쓰기에서는 몇 가지 글 쓰는 법을 익히면 실용적인 글쓰기가 가능하다.

1. 기획안

기획안이란 기획하고자 하는 내용에 대한 구체적인 기능 명세서로서 글, 그림 등을 활용하여 프로젝트 정보를 설명하는 문서이다. 하나의 일을 실행하기 전, 구체적인 계획을 정리해놓은 기획안은 그 일의 성패를 좌우하는 중요한 요소가 된다. 기획 · 마케팅 · 홍보는 말할 것도 없고 영업 · 관리 등 모든 분야에서 기획안을 쓰기도 하는데 직장에서 작성하는 기획안은 업무의 전체적인 흐름을 파악해야 작성할 수 있기 때문에 무엇보다 해당 분야의 정보를 습득하는 것이 중요하다. 직장인이라면 단순 업무를 수행하는 것에 그치지 않고 적극적으로 아이디어를 내고 기획해 문서 형태로 만들어 제출할 수 있는 능력이 필요하다. 기획안 하나로 능력을 인정받기고 하고 무능한 사람으로 낙인찍히기도 하기 때문이다.

기획안은 상대방에게 정보를 제공하는 글이 아니고, 기본적으로 일의 실행을 목표로 상대를 설득하고 그에 대한 결정을 내리도록 하는데 목적이 있다.

기획안을 작성할 때에는 기획 배경, 기획 의도, 기획 개요, 대상, 세부 일정, 예산, 기대 효과 등 꼭 필요한 항목만을 구성하고 일목요연한 내용으로 작성하는 것이 좋다. 대부분의 기획안은 작성 후 공개적으로 프레젠테이션으로 진행되는 것이 일반적이다.

1) 기획안 작성 요령

① 제목은 기획안의 내용을 대표할 수 있어야 한다.
② 파워포인트 작성 시에는 서체와 레이아웃에 신경 써야 한다.
③ 설명보다는 설득을 위해 분명한 목적의식을 가지고 작성해야 한다.
④ 일반적인 자료의 나열보다는 정확한 관련근거를 제시해야 한다.
⑤ 지루하지 않고 흥미를 유발할 수 있는 기획안이 되어야 한다.
⑥ 문자와 숫자는 보기 쉽게 만들고, 도표나 그림, 이미지 등은 효과적으로 활용해야 한다.
⑦ 불필요한 자료나 애니메이션에 치중하지 말고, 기획 목적에 맞게 작성해야 한다.
⑧ 기획안은 간단하고 명료해야 한다.
⑨ 기획안은 참신한 느낌을 줄 수 있어야 한다.
⑩ 실행 가능한 기획안이 되어야 된다.

2) 기획안 작성 단계

(1) 1단계 : 자료를 수집하고 시장조사를 한다

기획에 필요한 자료인 기획의 대상과 구체적인 목표에 대한 다양한 정보를 수집해야 한다.

(2) 2단계 : 초안을 작성한다

초안의 목적은 기획방향이 맞게 되었는지를 빨리 확인하고 수정하여 시간적, 경제적 손실을 최대한 줄이고, 이를 바탕으로 세부 기획안을 작성하기 위해서다.

표 1-1. 초안 기본양식

프로젝트명		
목표		
기획 배경		
타깃 대상		
추진 방법	일시(기간)	
	장소	
	구체적인 방법	
	담당자	
예산		

(3) 3단계 : 기획방향을 결정한다

기획방향이 정해지면 현장조사를 통해 시장 적용성과 경쟁 차별성, 고객 수용성 등을 확인하고 문제점을 파악하여 도출된 문제점을 해결할 수 있는 방안으로 기획방향을 최종 결정해야 한다.

(4) 4단계 : 기획안의 레이아웃(구성안)을 작성한다

목차는 목적달성을 위한 현황분석(시장조사), 시행방향 설정, 세부 실행방향, 업무분장, 일정, 기대효과, 소요예산, 별첨 등의 프로세스에 맞게 구성한다.

(5) 5단계 : 기획안을 세부적으로 작성한다

　기획서 기본 순서에 따라 내용을 작성한다.

(6) 6단계 : 디자인을 구성한다

　차별화된 디자인을 활용해서 호소력 있고 전달력이 강한 기획안으로 만들기 위해 표지, 목차, 내용, 별첨까지 디자인을 잘 구성해야 한다.

(7) 7단계 : 기획안을 최종적으로 점검한다

　기획안의 내용과 구성에 문제점은 없는지 최종적으로 점검하고 보완한다.

기획안 체크리스트

－ 오자와 탈자, 잘못된 표현과 문장은 없는가?
－ 인용한 자료에 문제는 없는가?
－ 읽는 사람의 관점에서 내용의 전달이 용이한가?
－ 첨부된 자료만으로 기획안을 설명하는데 충분한가?
－ 의미가 불분명한 곳은 없는가?
－ 표현상 오류는 없는가?
－ 논리가 일관성 있게 전개되었는가?

2. 보고서

　보고서란 말 그대로 특정일에 관한 현황이나 그 진행 상황 또는 연구 · 검토 결과 등을 작성, 정리하여 다른 사람에게 보고하는 글이다.

　보고서는 정확한 자료를 바탕으로 조사, 답사, 실험 등의 결과를 객관적으로 알리는 것이 글의 목적이기 때문에 객관성과 정확성을 바탕으로 서술되어야 한다.

직장인들은 늘 이러한 보고서를 작성해야 하고 보고서를 잘 쓰느냐, 못 쓰느냐에 따라 일에 대한 능력이 평가되기도 한다.

보고서는 현황, 업무의 진행 상황 등을 상사에게 전달하는 데 첫째 목적이 있다. 보고서를 씀으로써 자신도 일을 정확히 파악할 수 있고, 다음 행동을 결정하기도 쉬워진다는 데 또 다른 의미가 있다.

보고서도 하나의 글이기 때문에 일반적인 글쓰기와 근본적 차이는 없지만 상사에게 보고할 목적으로 쓴다는 점에서 다소 다른 점이 있다.

보고서를 작성할 때에는 상사는 결론에 관심이 많기 때문에 무엇보다 결론을 먼저 써야 하고, 보고하고자 하는 내용이 무엇인지 한눈에 쉽게 알아 볼 수 있도록 작성해야 하는 등 몇 가지 요령이 필요하다.

1) 보고서의 종류

① 영업보고서 : 재무제표와 달리 영업 상황을 문장 형식으로 기재해 보고하는 문서

② 결산보고서 : 진행됐던 사안의 수입과 지출 결과를 보고하는 문서

③ 일일업무보고서 : 매일의 업무를 보고하는 문서

④ 주간업무보고서 : 한 주간에 진행된 업무를 보고하는 문서

⑤ 출장보고서 : 회사 업무로 출장을 다녀와 외부 업무나 그 결과를 보고하는 문서 (작성자의 소속과 이름, 출장기간, 출장지, 경비, 동행한 사람 등의 기본 사항을 적는다.)

⑤ 회의보고서 : 회의 결과를 정리해 보고하는 문서

⑦ 학술 연구 보고서 : 일반적으로 해당분야의 전문가들이 수행하며 어떠한 대상에 대해 분석한 결과를 보고하는 문서

⑧ 실험 관찰 보고서 : 특정한 상황에서 진행된 실험이나 관찰의 결과를 보고하는 문서

⑨ 조사 답사 보고서 : 일정한 목적을 가지고 대상에 관한 정보와 실태를 정리하여 보고하는 문서

2) 보고서 작성 요령

(1) 보고서를 작성할 때는 주제에 맞는 자료를 찾아야 한다

보고서를 작성할 때 가장 먼저 해야 하는 것은 자료를 찾고 이와 관련된 다른 사람의 의견을 묻는다.

(2) 중요한 사항이나 결론을 먼저 작성하는 것이 좋다

보고서는 어떤 사안에 대한 결과를 보고하는 문서이기 때문에 상사는 무엇보다 그 결과가 어떠한지가 궁금하다. 일이 성공했는지 실패했는지, 어떤 성과를 올렸는지 아닌지 등 결과에 우선 관심이 있다. 따라서 결론이나 중요 사항을 먼저 쓰는 것이 바람직하다.

(3) 제목에는 핵심 사항을 담아야 한다

결론이나 핵심 사항을 간결하게 표현할 수 있는 말로 제목을 정해야 읽는 사람이 제목만 보고도 글의 전체 내용을 짐작할 수 있고, 핵심 내용이 무엇인지 알 수 있게 해야 한다. 포괄적이고 일반적인 내용의 제목으로는 상사의 관심을 끌 수 없다.

(4) 객관성과 정확성을 갖추어야 한다

보고서는 우선적으로 상황이나 결과를 그대로 알리는 문서다. 따라서 주어진 과제나 스스로 선택한 과제에 대해 가능한 한 객관적으로 관찰 또는 조사해 그 경과와 결과를 정확하게 정리해야 한다.

(5) 요점을 명확하게 작성해야 한다

보고서는 보고하는 내용을 적은 문서이므로 연구·검토 결과의 요점을 명확하게 작성해 보고하고자 하는 내용이 무엇인지를 한눈에 쉽게 알 수 있도록 해야 한다.

(6) 구체적으로 작성해야 한다

보고서의 표현은 막연하게 하기 보다는 구체적이어야 한다. 사실·현황 등을 있는 그대로 알리는 데 우선적인 목적이 있으므로 상황이 좋지 않은 사실이나 결과에 대해 얼버무리거나 모호하게 말해서는 안 된다.

예) 재진고객은 전년에 비해 감소했으나 매출은 초진고객 증가로 상당히 늘어났다. → 재진고객은 작년보다 20% 감소했지만 초진고객은 30% 증가하고, 순이익은 전년 대비 순수입으로 25% 증가했다.

(7) 일반적으로 보고서의 분량은 A4용지 한 장이 적당하다

한 장이 넘어간 보고서는 읽는 사람에게 집중력이 떨어지게 한다. 또한 관련자가 내용 전체를 꼼꼼히 읽어 보고 판단하기는 힘들다. 검토해야 할 서류가 많은 최종 결재자로서는 사실상 보고서를 일일이 읽어 볼 시간이 없기 때문이다. 따라서 읽는 사람을 배려해 한 장짜리 요약본을 만들어 제출하는 것이 좋다.

(8) 형식을 갖추어 써야 한다

보고서를 작성하는 데는 형식(Format)이 중요하다. 같은 내용일지라도 형식이 잘 갖추어진 것과 그렇지 않은 것은 이해하는 데 커다란 차이가 난다. 아무리 좋은 내용을 담고 있다 하더라도 형식을 제대로 갖추지 못하거나 체계가 없으면 눈에 잘 들어오지 않는다.

(9) 문제점을 지적하고 적극 제안하라

보고서는 사실을 기록하는 문서인 동시에 앞으로의 업무 전개에도 도움이 되는 것이어야 한다. 특정 사안에 관한 현황이나 연구·검토 결과에 문제점이 있으면 이를 있는 그대로 지적하고 그에 대한 대처 방안을 적극적으로 모색해 제안해야 한다.

3) 보고서 쓰기

보고서를 잘 쓰려면 기획부터 차근차근 생각했던 아이디어를 잘 정리한 다음 핵심이 담긴 주제를 먼저 설정해야 한다. 또한 훌륭한 보고서를 작성하기 위해서는 '어떻게 써야 보고받는 사람이 만족할 것인가'를 염두에 두고 써야 한다.

(1) 보고의 목표를 정하고 보고서를 구상한다

어떤 주제로, 누구에게 언제 보고를 할 것인가 정한다. 보고서는 목적성이 있는 글이기 때문에 이 보고서를 통하여 달성하려는 주제와 목표가 무엇인지 명확하게 파악해야 보고서 개요를 작성할 수 있고 어떤 내용으로 보고서를 쓸 것인지 전체 목차를 정하기가 수월하다.

(2) 자료를 수집하고 분석한다

보고서의 주제가 정해진 후에는 필요한 자료를 어디서 구할 것인지 보고서 내용에 맞는 자료들을 찾아 분류하고 자료 정리 중 관계없거나 중요도가 떨어지는 자료들은 배제하고 정확하고 믿을 수 있는 자료를 선별한다. 보편적이고 포괄적 자료를 시작으로 자세하고 구체적 자료를 찾는 방식으로 진행하도록 하며 가장 좋은 정보는 선배가 쓴 유사보고서를 참고하거나 유용한 인터넷 사이트를 활용하는 것도 좋은 방법이다. 인터넷을 통해 자료를 구할 경우에는 공신력 있는 기관의 홈페이지에 접속하여 필요한 정보를 검색하면 된다. 또한 전문적인 학술지나 잡지에 실린 글들은 검증이 된 것들이므로 자료를 이해하고 분석해서 보고서에 적절히 응용한다. 이때 보고서에 인용한 모든 자료는 반드시 그 출처를 정확하게 밝혀야 한다.

(3) 개요를 작성한다

보고서 개요를 작성할 때에는 보고서의 구성내용의 목적과 부합되는지 방향을 분명하게 제시하여야 한다. 제목과 목차는 미리 정하고 목차에는 서론, 본론, 결론에 해당 내용을 함축적으로 드러낼 수 있는 소제목을 붙인다.

(4) 보고서를 작성한다

보고서의 유형에 맞게 목차, 자료 채택을 하고, 보고서 작성 시에는 최대한 쉽게 이해할 수 있도록 간결한 문장으로 써내려 간다. 화려한 수식어구나 형용사는 가급적 자제하고 한 문장에 하나 이상의 정보를 담지 않는다. 특히 보고서는 정확한 숫자와 구체적인 표현으로 이루어져야 한다. 즉, 한 번 보고도 단번에 이해할 수 있게 쓰는 것이다. 이때 중요한 것은, 각 단락의 내용이 논리적으로 연관성이 있는지, 정확한 자료를 제시해 가면서 분석한 내용을 구체적으로 써내려가도록 한다. 같은 말을 되풀이 하거나 일반적인 내용을 나열하는 것은 피하고 전체적으로 일관성이 있는 내용인지 파악해가면서 보고서를 작성해야 한다. 한 번에 완성하기 보다는 초안을 마련하고 수정 및 보완작업을 되풀이 하는 것이 효율적이다. 또한 완성도를 높이기 위하여 반복적인 내용 확인으로 전개가 자연스럽도록 구성한다.

(5) 최종 점검, 보완 및 수정작업을 거친다

좋은 보고서란 실수 없는 보고서이다. 아무리 잘 쓴 보고서라도 틀린 맞춤법이나 부적절한 단어가 들어가면 신뢰도는 떨어진다. 보고서 작성 후에는 반드시 수정과 보완작업을 통하여 오탈자, 숫자 오류 등 수정사항이 있는지 점검하여 교정하고 또한 전체적인 보고서 흐름을 확인하고 불필요한 부분은 삭제, 부족한 부분은 보완하는 등 최종적으로 점검하여 교정 작업을 거쳐야 한다. 수정·보완 작업을 많이 할수록 보고서의 완성도를 높일 수 있다.

보고서 문장 작성 시 주의점

- 단순하고 짧은 문장으로 작성할 것
- 미사여구를 이용한 장황한 설명을 피할 것
- 직접적이면서도 단호한 문장을 사용할 것
- 피동문으로 작성하지 않도록 주의할 것
- 형용사 · 부사 등 수식어를 남용하지 말 것

4) 보고서 제출 전 점검사항

① 보고서의 내용과 연관성 있는 제목을 선정하였는가?

② 보고서의 내용이 목적에 적합한가?

③ 페이지 번호는 정확한가?

④ 추상적이거나 애매한 표현은 없는가?

⑤ 보고서를 이해하기 쉽게 작성했는가?

⑥ 문제에 대한 결론은 타당한가?

⑦ 숫자나 단위의 표기는 정확한가?

⑧ 첨부 자료는 제대로 구비되어 있는가?

⑨ 오자, 탈자는 없는가?

⑩ 자료의 출처는 명확하게 기재하였는가?

4장

나를 알리는 글쓰기

1. 이력서

이력서란 개인의 신상명세서와 경력, 이력이 담긴 양식이다. 입사지원 시에 필요한 기본적인 서류로 자신을 회사에 나타내는 중요한 도구가 되기 때문에 작성 시 많은 주의를 기울여야 한다.

회사에 규격양식이 있는 경우에는 그 규격에 맞춰서 작성을 해야 하고 규격양식이 없는 경우에는 자신의 장점을 부각 시킬 수 있는 서식을 만들어야 한다.

1) 호감을 주는 이력서

이력서는 인사담당자와 첫 만남이며 첫 인상을 결정한다. 또한 구직자와 구인자 간의 1차적인 대화의 수단이기도 하다. 따라서 이력서로 자신의 능력을 제대로 표현하지 못한다면 인사담당자는 자신을 알아주지 않을 뿐만 아니라 면접도 어려울 것이다.

① 양식은 간단명료하게 한다.
② 지원 분야에 적합한 이력서를 작성한다.
③ 자신의 능력을 효과적으로 표현하는 적절한 문장을 첫머리에 놓는다.

④ 경력과 업무성취능력에 대해 세밀하게 기술한다.

⑤ 긍정적으로 기술하되 과장 없이 정확하게 기술한다.

⑥ 사적인 정보 등 불필요한 내용은 과감히 삭제한다.

⑦ 제출 전 최종 점검한다.

2) 이력서 작성 방법

(1) 인적사항

① 성명 : 한글, 한자, 영문으로 기재한다.

② 생년월일 : 서기로 기재한다.

③ 나이 : 만 나이로 기재한다.

④ 연락처 : 직접연락이 가능한 전화번호를 기재하며, 휴대폰, 이메일 등의 비상연락처는 반드시 기재한다.

⑤ 현주소 : 본인이 현재 거주하고 있는 주소를 현주소에 적는다.

⑥ 호적관계 : 호주와의 관계는 호주 쪽에서 본 관계를 기재한다.

(2) 학력사항

이력서 내용 중 가장 중요한 부분이다. 학력은 대졸인 경우 고졸부터 적는 것이 무난하며 입학날짜와 졸업 날짜는 관계 서류를 찾아 정확히 기재한다.

① 지원회사의 정해진 입사지원서 양식이 아닌 이상 고등학교부터 최종학력까지 시간 역순으로 입학과 졸업 연월일을 관계 서류를 찾아 정확히 기재한다.

② 남성의 경우, 군 경력은 학력 속에 포함시켜 입·제대 연월일을 순서대로 기재한다(병역사항 란이 따로 기재되어 있지 않은 경우).

(3) 경력사항

① 업무와 관련된 경력을 최근 것부터 기재한다.

② 기간과 관계기관명도 함께 기재한다.

(응시 회사의 업무와 관계없는 불필요한 이력 내용의 나열은 피하도록 한다.)

(4) 특기 및 상벌사항

① 자신의 장점을 잘 보여줄 수 있는 특기나 교내외 행사 및 대외 수상경력, 외국어 관련 수상경력, 어학연수 등을 기재한다. 특기사항에서는 각종 자격증, 면허증 발급사항을 기입한다(국가가 공인한 자격증 기입, 지원한 회사의 업무와 연관된 자격증이라면 비공인이라도 기입하는 것이 유리하다).

② 상벌사항은 교내외 행사나 대회에서 수상한 사실을 기록하는데 특히 외국어와 관련 된 수상 경력은 반드시 언급하도록 한다.

- 지망회사와 관계있는 부류의 연구업적, 아르바이트, 동아리활동 등을 기입하는 것도 자신을 돋보일 수 있는 방법이다.

- 다 쓴 후에는 '위와 상위 없음' 또는 '위와 같이 틀림없음' 이라고 쓰고 한 줄 아래에 날짜를 년, 월일로 적는다.

★ 중요한 또 한 가지!

글자체나 서식은 튀지 않고 단정하여 읽기 편하게 작성하고, 명조, 바탕, 굴림체에 크기는 11~12정도가 무난하다. 오, 탈자는 없는지 점검하고 정확한 연락처에 대한 최종 확인도 잊지 말아야 한다.

(5) 신체사항 및 병역사항

① 지원 분야에 따라 신장, 몸무게, 시력, 병력 등을 기재한다.

② 병역사항은 복무기간, 군별, 계급 등을 적고, 면제를 받았을 경우에는 면

제 사유도 기재한다.

(6) 사진

① 3개월 이내에 촬영한 것으로 단정하고 밝은 인상을 주는 사진을 붙인다.

② 즉석사진이나 스냅사진, 수정작업을 많이 하는 이미지사진 사용은 삼간다.

(7) 마무리

① '위와 상위 없음' 또는 '위와 같이 틀림없음'을 기재한다.

② 하단에 작성연월일, 본인 성명을 자필한 후 날인하여 마무리한다.

[이력서 양식 1]

<table>
<tr><td rowspan="2">사
진</td><td colspan="6" style="text-align:center">이　력　서</td></tr>
<tr><td>성 명</td><td></td><td colspan="2">주 민 등 록 번 호</td></tr>
<tr><td></td><td>생 년 월 일</td><td colspan="4">년　　　월　　　일생 (만　　세)</td></tr>
<tr><td colspan="2">주 소</td><td colspan="5"></td></tr>
<tr><td colspan="2">호적 관계</td><td>호주와의 관계</td><td></td><td>호주성명</td><td></td></tr>
<tr><td colspan="3">년　　월　　일</td><td colspan="3">학 력 및 경 력 사 항</td><td>발 령 청</td></tr>
</table>

년	월	일	학력 및 경력사항	발령청

[이력서 양식 2]

이 력 서

사 진	성명	한글		주민번호	
		영문		전화번호	
	E-mail			휴대폰 번호	
	주소				

학력사항	기간	출신학교	전공	졸업구분	학점
	2000년 0월0일 ~ 2000년 0월0일	고등학교			
		대학교			
		대학원			

교육이수	교육기관	기간	교육과정명

경력사항	회사명	기간	직급	담당업무

자격사항	전산능력	
	외국어 능력	
	자격증	
	기타	

지 원 이 력 서

사 진 6개월 이내에 촬영한 반명함 (3.5cm X 4.5cm)	성 명	한글		응시구분	□신규 □경력
		한자		응시직종	
		영문		희망연봉	
	주민번호		–	생년월일	(음), (양)
	E – mail			휴대폰	

주 소			전화번호	
종 교		취미	특기	결혼여부 □미혼□기혼
보훈대상	□대상 □비대상	국가유공자 고유번호	장애여부	□해당급 □비해당

신체사항	신 장	체 중	시 력		혈액형	색신이상
			(좌)	(우)	형	□유 □무

병역사항	역종	입영일	전역일	군별	계급	병과	면제사유

학력사항	기 간	학교명 (소재지)	전공	학위
	~			□졸업 □중퇴
	~			□졸업 □중퇴
	~			□졸업 □중퇴
	~			□졸업□수료□중퇴

보유면허·자격보유	면허 및 자격명	면허 및 자격번호	취득 년월일	검정기관

외국어능력	외국어명	공인시험	구사능력	컴퓨터활용능력	종 류	공인시험	활용능력
			□상 □중 □하		한글		□상 □중 □하
			□상 □중 □하		엑셀		□상 □중 □하
			□상 □중 □하		파워포인트		□상 □중 □하
			□상 □중 □하				

경력사항	근무기간	사업체명	부서명	직 위
	~			
	~			
	~			
	~			
	~			

교육사항	교육기간	교 육 명	이수 · 수료증	시행청
	~			
	~			
	~			

상훈사항	년 월 일	종 류	상훈 명칭	발행처

가족사항	관 계	성 명	연령(만)	학 력	직업/직장명
			만 세		
			만 세		
			만 세		
			만 세		

상기 기재사항은 사실과 상위 없으며 만일 면접합격 또는 임용 후에 허위사실이 판명되었을 때에는 합격취소 또는 임용의 취소처분에도 이의를 제기하지 아니할 것을 서약합니다.

년   월   일

지원자 :   (인)

2. 자기소개서

1) 자기소개서의 이해

자기소개서는 다른 사람에게 자신을 알리는 글이다. 일반적으로는 회사에서 면접의 기초자료로 자기소개서를 요구하는 것이 대부분인데 자기소개서는 입사하는데 결정적 영향을 미친다. 대부분 회사는 자기소개서를 통해 1차적으로 그 사람을 판단한 다음 응시 기회를 주기 때문이다.

자기소개서가 인사담당자의 마음에 들지 않는다면 다른 능력을 보여 주기도 전에 그 회사로부터 외면당할 수 있다. 따라서 회사에 취직하려는 사람은 우선적으로 자기소개서를 잘 써야 한다.

회사가 자기소개서를 요구하는 이유는 크게 세 가지다. 개인의 가정환경과 성장과정, 입사 동기와 근무 자세, 자기소개서를 통해 자신의 생각이나 의견을 글로 표현하는 능력을 보기 위해서다. 어떠한 환경에서 어떤 모습으로 성장했는지가 개인의 성격 형성에 적지 않은 영향을 미치기 때문에 가정환경과 성장과정을 중요하게 생각한다.

자기소개서는 생각보다 쓰기가 애매하고 까다롭기 때문에 자신의 장점을 늘어놓을 경우 자신감이 지나쳐 인사담당자로 하여금 불이익을 받을 수도 있는 반면, 지나치게 겸손하게 자신을 소개할 경우에는 불필요한 사람으로 여겨지기도 한다. 자기소개서를 쓰면서 명심해야 할 것은 자신에 대한 엄정한 평가와 더불어 자신의 비교 우위를 부각시킬 수 있는 전략과 전술이 필요하다.

2) 자기소개서의 중요성

취직을 하려는 사람은 입사원서를 낼 때마다 자기소개서를 작성해 제출해야 하고 회사는 자기소개서를 통해 그 회사에 적합한 인물인지와 글 쓰는 능력이 있는지를 판단하게 된다. 자기소개서를 쓸 때에는 지원하는 분야에 자신이 적합한 사람이라는 것을 강조하는 것이 중요하다.

지원자는 지원하는 회사에 대해 사전조사를 해야 한다. 회사의 규모나 업계에서의 위치, 회사 이념, 복지 혜택 등 자신이 지원한 회사에 대해 어느 정도의 정보를 아는 것도 중요하다.

자기소개서가 합격 여부에 영향을 미치는 요인이 되므로 본인이 다른 사람보다도 해당 분야의 일을 훨씬 잘 수행할 수 있다는 것을 제대로 알릴 수 있는 문장으로 구성하여 작성해야 한다. 글씨와 필체에서는 어느 정도 개인의 성격까지 파악할 수 있기 때문에 내용을 잘 쓰는 것 못지않게 정갈하게 작성해 차분한 성격임을 보여 주는 것도 중요하다. 필체가 안 좋다 하더라도 정성 들여 글씨를 써야 할 것이다. 여기저기 원서를 내다보니 대부분 판에 박은 문장으로 자기소개서를 대충 쓰거나 성의 없이 작성하는 경향이 있다. 이렇게 해서는 좋은 결과를 기대하기 어렵다. 자기소개서에는 자기만의 개성이 담겨 있어야 한다. 자기소개서를 읽어 보면 글쓰기 실력과 성격이 그대로 드러난다. 따라서 이러한 요소를 잘 감안해 자기소개서를 작성해야 채용담당자의 마음에 드는 글이 될 수 있다.

3) 자기소개서를 통해 회사가 알 수 있는 5가지

① 가정환경과 성장과정을 통해 각 개인의 성격 또는 가치관이 우리 회사와 해당 직무에 맞는가?
② 업무에 쉽게 적응가능하고 책임감이 있으며 조직과 융화될 수 있는 사람인가?
③ 대인관계나 성실성, 창의성이 얼마나 엿보이는가?
④ 전공은 무엇이었으며 얼마만큼의 실력을 배양했는가?
⑤ 어떠한 동기로 지원하게 되었고, 또 입사 후에는 어떠한 자세로 임할 것인가?

4) 자기소개서 작성 요령

(1) 솔직하게 작성해야 한다

회사가 자기소개서를 요구하는 이유는 우선적으로 개인의 가정환경과 성장과정을 보기 위해서다. 회사는 자기소개서를 통해 자라온 환경, 개인의 성격 또는 가치관을 먼저 파악하고자 한다. 학교생활이나 서클활동 등을 통해서는 대인관계, 조직에 대한 적응력, 성실성, 책임감, 창의성 등 여러 가지 면을 파악하게 된다.

(2) 자신의 장점을 최대한 알려야 한다

자기소개서를 작성할 때는 자신의 장점을 최대한으로 드러내야 한다. 자신의 장점이나 특기사항은 구체적으로 적는 것이 좋다. 원만한 대인관계, 조직에서의 친화력 등 자신의 성격상 특성이나 업무 수행 과정에 도움이 될 수 있는 외국어 능력, 리더십 등의 특기사항을 체험과 함께 상세히 기술해야 한다. 또한 한 두가지 단점을 밝히고 이를 극복하기 위해 어떠한 노력을 했는지 설명하는 것이 바람직하다.

(3) 자신의 긍정적인 면을 적극적으로 표현해야 한다

자기소개서는 자신의 얼굴이나 마찬가지다. 자기소개서에서 부정적인 인생관이나 사회관을 가진 느낌을 준다면 그를 채용할 회사는 없다. 따라서 긍정적이고 진취적인 성격임을 보여주어야 하고, 조직에 잘 적응할 수 있을 것이라는 신뢰감을 심어 주어야 한다. 불필요하게 타인을 비방하는 내용도 자신에게 부정적인 요소로 작용하므로 피해야 한다. 밝고 긍정적인 인생관을 가지고 패기 있게 앞날을 설계해 나가고 있다는 것을 잘 드러내야 한다.

(4) 충분한 시간을 가지고 작성해야 한다

서류 제출 마감시간에 임박해서야 성의 없이 허겁지겁 자기소개서를 작성하는 사람이 많다. 그러나 급하게 작성하게 되면 자기 자신을 제대로 내보이기 어렵다. 시간적 여유를 가지고 차분하게 작성해야 충실한 내용으로 자신을 최대한 보여 줄 수 있다. 자기소개서를 통해 그 사람의 글 쓰는 능력이나 문장력도 판단하므로 시간을 가지고 차분하게 작성해 생각을 논리적으로 표현하고 문장을 정확하게 구성하는 능력이 있음을 보여 주어야 한다.

(5) 회사에 꼭 필요한 인재라는 것을 보여주어야 한다

회사마다 분위기의 차이가 있고 요구하는 인물이 조금씩 다르다. 어떤 회사인지, 어떤 인재를 원하는지 파악한 뒤 그에 맞추어 자신이 그 회사에 적합한 인물이라는 것을 자기소개서에서 보여주어야 한다. 그러기 위해서 회사가 찾는 인물상에 맞추어 어떻게 회사에 기여할 수 있는지를 구체적으로 언급하는 것이 바람직하다. 왜 이 직종을 선택했는지, 왜 이 회사를 지원했는지를 논리 정연하게 적어야 한다.

(6) 회사에 지원한 동기를 구체적으로 밝혀야 한다

입사 지원 동기를 쓸 때는 해당 회사의 업종이나 특성 등과 자기 전공 또는 희망 등을 연관시켜 입사 지원 동기를 구체적으로 언급해야 한다. 회사는 자기소개서를 통해 그 사람이 어떠한 의도로 입사를 희망하게 됐고, 입사 후에는 어떤 자세로 임할 것인지, 장래성은 어떠한지를 판단하게 된다.

(7) 회사에서 이루고자 하는 비전과 희망을 제시해야 한다

'열심히 일해 회사의 발전에 도움이 되도록 하겠습니다.' '성심을 다해 회사 발전에 동참 하겠습니다.' '취직시켜 주시면 무슨 일이든지 하겠습니다.' '이 회사에서 내 꿈을 실현하고 싶습니다.' 등과 같이 자신의 장래 희망을 막연하게 표현하지 말고 '어느 분야, 어떤 일에 집중해 어떤 성과를 이루고 싶다'처럼 장래 희망이나 포부를 구체적으로 기술하는 것이 좋다.

5) 자기소개서 작성하기

자기소개서는 한마디로 자신을 다른 사람에게 소개하는 글이다. 자기소개서에서 볼 수 있는 일반적인 항목은 성장과정, 성격, 학교생활, 경력 사항, 지원 동기, 취업 후 포부, 전망 등이다.

(1) 성장과정

① 어떠한 환경 속에서 성장했으며 그 환경이 자아 형성에 어떠한 영향을 미쳤는지를 파악할 수 있다.

② 성장과정에서 자신에게 영향을 많이 준 주변인물 등에 대한 언급을 하거나, 유년기의 에피소드, 가족 관계에 얽힌 이야기, 자신이 성장한 고향의 이야기 등으로 핵심적이고 뚜렷하게 말문을 여는 것이 중요하다.

③ '저는,' 혹은 '나는,'이라는 어구로 평범하게 시작하여 처음부터 지루한 인상을 심어주지 않는다.

④ '1900년 ○○월 ○○에 태어난,'처럼 지원서나 이력서에 나와 있는 사항과 중복하지 않게 한다.

⑤ '훌륭하고 엄격한 아버지와 항상 인자하신 어머니의 보살핌 아래,'처럼 너무 천편일률적이고 판에 박힌 이야기는 피한다. 성장과정이나 가족관계에서 어려움이 있었다면 솔직하게 밝히면서 그것이 본인에게 미친 긍정적인 영향이나 어려움을 극복한 과정 등을 정리해 준다면 신뢰를 얻을 수 있을 것이다.

⑥ 성장과정을 기록할 때 주의할 점은 '책임감이 강하다', '대인관계가 원만하다.' 등 상투적인 문구를 나열하기보다는 이를 뒷받침해줄 구체적인 경험을 밝혀야 한다는 것이다. 경험을 바탕으로 쓰면 글이 생생해 보이고 신뢰감이 더해져서 인사담당자의 인상에 깊이 각인될 수 있다.

(2) 성격의 장·단점

① 지원하는 회사에서 요구하는 인재상, 지원하는 직종에 필요한 자질 등과

엮어 성격을 표현해 주는 것이 핵심이다.

② 강점은 당당하게 최대한 부각시켜 기술하되, 약점도 솔직하게 기술하고 이를 극복하기 위한 노력과 개선의 의지가 반드시 서술해야 된다. 이때 약점이 보는 관점에 따라 장점일수도 있는 내용이면 좋은것이다.

③ '적극적이다, 긍정적이다, 명랑하다.' 등의 단정적이고 천편일률적인 말은 글자 그대로 받아들여지지 않으며, 수긍한다 하더라도 별다른 주목을 받지 못한다.

④ 교우관계나 가족관계 등에서 간접적이거나 집약적으로 자신을 표현할 수 있는 가벼운 에피소드 등을 소개하는 것도 상투성을 피하는 하나의 방법이다.

(3) 학창생활 및 경력사항

① 대학생활 혹은 최종학력의 생활을 주요하게 다루어 언급해야 한다.

② 학창시절 파트타임, 동아리 활동, 여행, 사회봉사활동 등의 경험이 본인에게 어떠한 영향을 주었고, 지원하는 분야에 어떻게 연관이 되는지 등에 대해 설득력 있게 작성한다.

③ 현재 자신의 성과와 계획하고 있는 프로젝트나 아이디어가 있다면 자세히 기술하는 것이 좋다.

④ 업무와 관련된 자격증, 과목을 이수하였을 때 실무실습을 통하여 경험한 바를 기입한다.

예) 병원에 취업을 할 경우

방학 중 병원실습을 통하여 환자응대나 관련 업무를 경험을 하였다든지, 병원코디네이터 과목을 이수하면서 실무실습을 통하여 환자, 고객의 입장을 이해할 수 있었으며 친절한 서비스마인드를 고취시킬 수 있었음을 밝힌다.

(4) 가치관 · 인생관

① 자신이 추구하는 삶의 목표와 자세, 사회관, 인간관을 분명하게 기술한다.

② 가치관, 인생관을 가지게 된 배경으로 성장과정에서 직접 경험한 사건이나 동기를 구체적으로 기술하는 것이 설득력이 있다.

(5) 지원동기 및 입사 후 포부

① 회사의 입장에서 실제적인 관심사가 되는 가장 중요한 부분이다.
   ⇨ 지원자의 발전가능성, 잠재능력, 장래성, 열정 등을 파악할 수 있다.

② 강한 의지를 담되, 지원하려는 회사의 구체적인 환경에 대한 사전 지식 속에서 솔직하게 작성한다.

③ 지원동기에는 '내가 왜 이 회사에 들어가려고 하는지', '내가 왜 이 직종을 택했는지'의 이유를 적고, '그렇게 하기 위해 어떻게 얼마나 노력했는지'를 밝혀야 한다.

④ 입사 후 포부는 지원한 회사에 입사했다는 가정 하에 향후 5년 후, 10년 후 목표성취와 자기개발을 위해 어떠한 계획이나 각오를 가지고 일에 임할 것인지를 구체적이고 패기 있게 서술한다.

예) 대학시절 병원코디네이터 과목을 수강하면서 병원코디네이터에 관심을 갖게 되었고, 병원코디네이터가 비전이 있다고 생각을 하였습니다. 비즈니스 매너를 포함한 고객응대 서비스 스킬을 익히고 적극적으로 실무실습에 임했으며, 긍정적인 성격과 친절마인드를 지니고 있는 제가 OOO병원의 병원코디네이터로 적합한 인재상이라고 생각하기에 지원을 하였고, OOO병원에 취업이 된다면 우리 지역뿐 아니라 우리나라의 대표적인 병원으로 발전하는데 저의 역량을 발휘하여 힘을 보태겠습니다.

6) 자기소개서 작성 시 주의사항

(1) 마지막까지 확인하고, 제대로 전송되었는지를 점검해야 한다

철자가 틀리거나 오타가 난 경우에는 취업 후 업무능력까지 의심 받을 수 있다. 제출시 오자, 탈자가 있는지 꼼꼼히 점검하고 파일 첨부가 되었는지 최종 확인함은 물론이고 혹시 파일 오류로 열리지 않는 경우를 대비해서 본인이 보낸 이력서를 복사본으로 만들어 따로 보관하거나 파일 속성을 바꾸어서 다른 프로그램에서도 열릴 수 있도록 설정한다.

(2) 약어, 속어, 이모티콘 등을 쓰지 말아야 한다

약어, 속어를 쓰면 언행이 신중하지 못하고 가벼워 보일 수 있다. 지원서도 공문서이므로 약어, 속어, 유행하는 문구 또는 방언들을 사용하지 않았는지 점검하여 가능한 표준어만을 구사하도록 한다. 그리고 이모티콘(*^^*, ㅠㅠ, ㅋㅋ, ㅎㅎ) 등으로 표현하는 것은 삼간다.

(3) 메일로 자기소개서를 보낼 때에도 예의를 갖추어야 한다

인터넷이 발전됨에 따라 이메일로 지원하는 사례가 많아졌다. 인사 담당자가 지원이메일을 열어 볼 경우, 지원서 파일만 보내져 있고 아무런 내용이 없으면 성의와 예의가 없다고 느껴질 것이다. 이메일을 인사담당자가 열어보는 순간 첫 면접은 시작이 된다. 지원인사와 함께 포부와 열의를 간략하게 나타낸 다음 파일 첨부와 함께 보낸다면 좋은 이미지를 남길 것이다.

자 기 소 개 서

성장과정	
성격의 장단점	
학교생활	
경력 및 특기사항	
지원동기 및 입사 후 포부	

상기 사항이 틀림없음을 확인합니다.

지원자 : ○ ○ ○ (인)

자 기 소 개 서

성명	홍 ○○	주민등록번호	○○○○○○ – ○○○○○○○	최종학교	○○대학교

생활신조 및 좌우명

항상 긍정적이고 노력하는 사람이 되자 / 가슴은 뜨겁게 머리는 차갑게

성격의 장 · 단점

저의 성격은 차분하고 꼼꼼하며 매사에 신중한 것이 장점입니다.
단점은 맺고 끊음을 분명하게 하지 못해 주위의 부탁이나 도움에 거절을 잘 못 하는 것입니다.
손해 보는 것은 아니지만 제 일을 못하면서까지 도와줄 때도 있는 것이 문제점입니다.

성장과정 및 가족관계

제가 어렸을 적부터 저희 어머니는 저를 데리고 종종 봉사활동을 나가셨습니다. 그 영향을 받아서인지 저는봉사활동이 자연스러운 일상이라는 생각을 해왔고 어르신에게 도움이 되는 일이라면 도와드리고 싶다는 생각을해왔습니다. 또한 근면 성실은 부지런한 아버지의 영향을 많이 받았습니다. 사소한 자리라 해도 소중히 여기고 어떠한 일이든 열심히 긍정적으로 최선을 다하는 법을 배웠습니다.

학창 생활

12년 개근상이 저의 근면 성실함을 보여줍니다. 중고등학교 시절에는 반장과 부장을 항상 맡아왔습니다.
저는 새로운 것을 시도하는 것을 좋아하고 또한 책임감 있게 행동하고 추진력이 있어 주변에는 항상 친구들이 많았습니다. 제가 살아오면서 모아온 재산은 사람입니다. 대학 시절에는 동기 2명과 동아리를 창단해 회장직을 맡았고 운영했었습니다. 지금 생각해 보아도 정말 값진 경험 이였습니다.

취미 / 특기

등산 / 축구
주말에는 가족과 함께 등산. 새벽에는 조기축구. 모든 운동을 좋아하지만 그중 축구를 가장 좋아합니다.

경력 사항

전역을 하고 복학을 하기 전까지 비정규직으로 현대자동차에서 근무 했습니다. 일을 하면서 섬세함의 중요성과 책임감을 배웠습니다. 병원실습은 순천향 대학 병원 원무과와 의료 정보팀에서 하였습니다. 의료 정보팀에서는 업무의 흐름과 개인 정보의 중요성을 배웠고 원무과에서는 고객응대 법과 병원행정업무를 직접 겪고 실무를 익혔습니다. 또한 대학시절 동아리를 창단해 운영하면서 겪은 운영 방법과 책임감. 리더십이 많은 도움이 되었습니다.

지원 동기

제가 병원으로 실습을 나가기 전까지는 저의 꿈은 그저 병원직원일 뿐이었습니다. 하지만 병원실습을 나가서 보고 배우고 경험하면서 제안에 숨어있던 행정 원장의 꿈을 찾게 되었습니다. 또한 이러한 결심이 굳어진 것은 '병원서비스 매너' 수업 중 고객만족 경영의 중요성을 알게 되었고 '병원설립 기획안'을 과제로 제출하면서 저의 꿈은 확정되었습니다. 취업하게 되면 자긍심과 자부심을 가지고 성실히 일하겠습니다. 병원은 의료진의 실력도 중요하지만 무엇보다도 부서별 팀워크와직원의 친절마인드에 따라 병원의 성공이 판가름된다고 생각합니다. 그래서 저는 친절 마인드로 병원근무를 하면서 차근히 실력을 쌓아 병원 행정부서의 최고가 되어 저의 꿈을 이루고 병원발전에 도 이바지 하고 싶어서 지원하게 되었습니다.

입사 후 포부

입사 후 3가지 약속을 말씀드리겠습니다.
첫째, 열정입니다. 어느 사원보다 긍정적인 마인드를 가지고 다른 병원과 비교 분석하여 우리 병원에 도움이 되도록 두발에 불이 나도록 뛰어다니겠습니다.
둘째, 근면 · 성실입니다. 누구보다도 일찍 출근하여 병원의 불을 환하게 켜겠습니다.
셋째, 패기입니다. 신입이지만 누구보다 솔선수범의 자세와 항상 선배님들께 배우는 자세로 임하겠습니다. 권위와 권력이 아닌 이 3가지 공약은 제 이름을 걸고 지키겠습니다. 돈을 쫓기보다는 꿈을 위해 노력하는 홍○○이 되겠 습니다.

5장

한글의 올바른 이해

우리는 일상생활에서 의사소통을 하는데 크게 어려움이 없기 때문에 우리말을 잘 알고 있다고 생각하기 쉽다. 그러나 안타깝게도 최근 젊은 층에서 언어파괴 현상이 두드러지며 표준어를 잘못 구사하거나 중 · 장년층에서도 신조어를 표준어로 알고 사용하는 사람들도 많아지고 있다. 어떤 낱말이나 표현에 대해 정확한 의미나 내포되어 있는 말의 뜻을 제대로 알고 사용해야 할 것이다. 한글은 한 가지 의미에 대한 다양한 표현이 가능하다. 그동안 부담 없이 글을 쓰고 싶어도 괜히 부담감이 앞서 망설여지는 일이 종종 있었다면 한글을 바로 알고 사용하는 방법을 익힌다면 자신의 생각을 글로 잘 표현 할 수 있을 것이다.

1. 2014년 새로 인정된 표준어

국립국어원은 실생활에서 많이 사용되지만 표준어로 인정되지 않은 단어들을 검토하는 일을 꾸준히 해왔으며, 대표적으로는 지난 2011년 '짜장면', '맨날', '눈꼬리' 등 39항목을 표준어로 추가하였고 2014년 표준어 추가 사정안을 발표하였다. 최근 실생활에서 많이 사용하고 있으나 비표준어로 분류됐던 13개 어휘가 표준어로 인정되었다.

표준어로 인정된 표준어 항목은 다음과 같다.

첫째, 현재 표준어와 같은 뜻으로 널리 쓰이는 말을 복수 표준어로 인정한 경우

그동안 '삐지다'는 비표준어로서 '삐치다'로 써야 했으나 앞으로는 '삐지다'도 '삐치다'와 뜻이 같은 표준어로 인정된다. 이렇게 복수 표준어로 인정된 말은 '삐지다', '눈두덩이', '구안와사', '초장초', '굽신거리다' 등 모두 5항목이다.

복수 표준어를 인정하는 것은 '발음이 비슷한 단어들이 다 같이 널리 쓰이는 경우에는 그 모두를 표준어로 삼는다.'는 「표준어 규정」의 원칙을 따르는 것으로, 이미 써오던 것('삐치다')과 추가로 인정된 것('삐지다')을 모두 교과서나 공문서에 쓸 수 있도록 하는 것이다. 따라서 새로운 표준어를 익히기 위해 따로 수고를 들일 필요 없이 둘 중 선호하는 어휘를 자유롭게 사용하면 된다.

둘째, 현재 표준어와는 뜻이나 어감이 달라 이를 별도의 표준어로 인정한 경우

그동안 '놀잇감'은 '장난감'으로 써야 했으나 '놀잇감'과 '장난감'은 쓰임이 다르기 때문에 '놀잇감'을 별도의 표준어로 인정하였다. 이렇게 별도의 표준어로 인정된 말은 '놀잇감', '개기다', '사그라들다', '속앓이', '허접하다', '딴지', '섬찟', '꼬시다' 등 모두 8항목이다.

한편, 국어심의회에서는 'RADAR(Radio Detecting and Ranging)'의 한글 표기로 '레이다'와 '레이더'를 복수로 인정하기로 결정하였다. 원어 발음이 [reɪdɑ:(r)]인 것을 반영하여 '레이다'를 기본적인 표기로 새로 인정하되, 교과서 등에서 그동안 널리 써온 '레이더'도 관용적인 표기로 인정하기로 한 것이다.

표 1-1. 현재 표준어와 같은 뜻을 가진 표준어로 인정한 것(5개)

추가된 표준어	현재 표준어
구안와사	구안괘사
굽신	굽실
눈두덩이	눈두덩
삐지다	삐치다
초장초	작장초

표 1-2. 현재 표준어와 뜻이나 어감이 차이가 나는 별도의 표준어로 인정한 것(8개)

추가 표준어	현재 표준어	뜻 차이
개기다	개개다	개기다 : (속되게) 명령이나 지시를 따르지 않고 버티거나 반항하다. 개개다 : 성가시게 달라붙어 손해를 끼치다.
꼬시다	꾀다	꼬시다 : '꾀다'를 속되게 이르는 말 꾀다 : 그럴듯한 말이나 행동으로 남을 속이거나 부추겨서 자기생각대로 끌다.
놀잇감	장난감	놀잇감 : 놀이 또는 아동 교육현장에서 사용되는 물건이나 자료 장난감 : 아이들이 가지고 노는 여러 가지 물건
딴지	딴죽	딴지 : 일이 순순히 진행되지 못하도록 훼방을 놓거나 어기대는 것(주로 '걸다', '놓다'와 함께 쓰임) 딴죽 : 이미 동의하거나 약속한 일에 대하여 딴전을 부림을 비유적으로 이르는 말
사그라들다	사그라지다	사그라들다 : 삭아서 없어져 가다. 사그라지다 : 삭아서 없어지다.
섬찟	섬뜩	섬찟 : 갑자기 소름이 끼치도록 무시무시하고 끔찍한 느낌이 드는 모양 섬뜩 : 갑자기 소름이 끼치도록 무섭고 끔찍한 느낌이 드는 모양
속앓이	속병	속앓이 : ① 속이 아픈 병 또는 속에 병이 생겨 아파하는 일 　　　　② 겉으로 드러내지 못하고 속으로 걱정하거나 괴로워하는 일 속병 : ① 몸속의 병을 통틀어 이르는 말 　　　② '위장병'을 일상적으로 이르는 말 　　　③ 화가 나거나 속이 상하여 생긴 마음의 심한 아픔
허접하다	허접스럽다	허접하다 : 허름하고 잡스럽다. 허접스럽다 : 허름하고 잡스러운 느낌이 있다.

※ '섬찟'이 표준어로 인정됨에 따라, '섬찟하다, 섬찟 섬찟, 섬찟 섬찟하다' 등도 표준어로 함께 인정됨

2. 우리말을 바르게 사용하기

인터넷의 발달로 컴퓨터 문서상에서 쓰이는 한국어의 변칙적인 표기를 통칭하는 외계어 등은 늘 쓰는 말 가운데도 어느 쪽이 맞는 표기인지 헷갈리는 것 뿐 아니라 어법에 어긋나는 말을 사용하고 이러한 혼란을 더욱 부추기고 있다.

우리말의 우수성 가운데 하나는 어휘가 풍부하다. 의미가 비슷하면서도 어감이 다르거나 다소의 차이를 내포하고 있는 낱말도 적지 않다. 이들 낱말을 적절히 활용하면 다양한 어휘로 섬세한 표현이 가능하다.

1) 어법에 맞게 사용하기

(1) '~로서' / '~로써'

① ~로서 : 지위나 신분 또는 자격을 나타내는 조사

> 예) 그는 책임자로서 자기가 맡은 일에 최선을 다했다.
> 나로서는 그렇게 해야 할 이유가 조금도 없다.

② ~로써 : 어떤 물건의 재료나 원료, 수단이나 도구를 나타내는 조사

> 예) 우리는 굳은 신념과 용기로써 이 시련을 이겨내야 한다.
> 톱으로써 나무를 자른다.

★ 중요한 또 한 가지!

'-로서'는 '~을 써서'에서 온 말이다. 따라서 '~을 써서, ~을 이용해'라는 뜻으로 풀 수 있느냐 없느냐에 따라 '-로서'와 '-로써'를 구분하면 쉽다.

(2) '결단' / '결딴'

① '결단' : 결정적 판단을 하거나 단정을 내리는 것을 이르는 말은 '결단(決斷)'이다. 발음이 [결딴]으로 난다고 '결딴'으로 적어선 안 된다.

② '결딴' : 어떤 일이나 물건 등이 아주 망가져 도무지 손쓸 수 없게 된 상태나 살림이 망해 거덜 난 상태를 일컫는 말로 쓰인다.

> 예) 이젠 회사를 아주 결딴내려고 하는군.

(3) '다르다' / '틀리다'

　① 다르다 : 비교의 대상이 있는 것(반대말은 '같다'이고, 영어의 'Different')

　　예) 너와 나는 생각이 다르다.(○)

　　　　너와 나는 생각이 틀리다.(×)

　② 틀리다 : 답이 있는 것(반대말은 '맞다'이고, 영어의 'Wrong')

'다르다'는 단순한 '차이'를 나타내고, '틀리다'는 잘못된 것이므로 바로잡거나 억눌러야 한다는 의미를 담고 있다. "생각이 다르다"와 "생각이 틀리다"는 많은 차이를 내포하고 있다.

(4) '～든지' / '～던지'

　① ～든지 : 둘 중 하나를 선택할 때, 열거나 현재 일을 애기할 때

　　예) 귤이든지 오렌지든지 아무것이나 좋다.

　　　　어디든지 사람이 사는 곳은 마찬가지다.

　　　　가든지 말든지 빨리 결정해라.

　② ～던지 : 지난 일을 애기할 때 사용(과거를 회상하는 단어)

　　예) 얼마나 춥던지 손이 잘 펴지지 않았다.

　　　　강의실에 무엇이 있었던지 잘 모르겠다.

['～든지'와 '－던지'를 쉽게 구분하는 방법]
'～든지'는 선택, '～던지'는 과거 회상을 나타내는 단어라는 사실만 기억하고 있으면 된다.

['～든지'는 선택, '－던지'는 과거라고 기억할것]
일이 많든지 적든지 열심히 하겠다.(선택)
어찌나 일이 많던지 죽을 뻔했다.(과거)

(5) '벌이다' / '벌리다'

① '벌이다' : '일을 계획하여 시작하거나 펼쳐 놓다. / 여러 가지 물건을 늘어놓다.'

   예) 좌판을 벌이다.

② '벌리다' : '둘 사이를 넓히거나 멀게 하다. / 우므러진 것을 펴서 열다.'

   예) 두 손을 벌리다.
       밤송이를 벌리다.
       자루를 벌리다.

★ 중요한 또 한 가지!

대체로 일이나 잔치 · 사업 · 조사 · 좌판 · 싸움 · 논쟁 등에서는 '벌이다'를, 간격 · 차이 · 손 · 양 · 입 · 틈새 등에는 '벌리다'를 쓰면 된다.

(6) '다리고' / '달여야'

① '다리다' : '옷이나 천 따위의 주름이나 구김을 펴고 줄을 세우기 위해 다리미로 문지르다.'

   예) 상미는 옷을 다려 입고 출근하였다.
       다리지 않은 바지라 온통 주름이 가 있다.

② '달이다' : '액체 따위를 끓여서 진하게 만들다. / 약제 따위에 물을 부어 우러나도록 끓이다.'

   예) 엄마는 한약을 직접 달여서 드셨다.
       방금 달인 대추차라 뜨거우니 조심하세요.

★ 중요한 또 한 가지!

'다리미'가 '다리다'에서 나온 말이라는 걸 기억하면 '다리다'와 '달이다'를 쉽게 구분할 수 있다.

① '배워주다' (×) / '가르쳐 주다' (○)
   - '배우다'에는 '가르치다'의 상대어가 있기 때문에
② "말씀이 계시겠습니다." (×) / "말씀이 있겠습니다." (○)
   - '주체를 직접 높일 때만 '계시다'가 쓰인다.
   예) 어머니는 주무시고 계신다. 원장님들은 식사하고 계신다.

③ 그제사 (✕) / 그제서야 (✕) / 그제야 (◯)

④ 종아리가 얇다 (✕) / 종아리가 가늘다 (◯)

⑤ 머리카락이 얇다 (✕) / 머리카락이 가늘다 (◯)

⑥ 육계장 (✕) / 육개장 (◯)

⑦ 도로묵 (✕) / 도루묵 (◯)

⑧ 삭월세 (✕) / 사글세 (◯)

⑨ 윗어른 (✕) / 웃어른 (◯)

⑩ 일군 (✕) / 일꾼 (◯)

(7) '∼대' / '∼데'

종결어미 '∼대'와 '∼데'는 의미가 다른 말이다.

① '∼대'는 직접 경험한 사실이 아니라, 다른 사람이 말한 내용을 전달할 때 사용

예) 왜 이렇게 일이 끝이 없대.

친구가 그러는데 ○○자격시험이 엄청 어렵대.

그 영화 정말 재미있대.

친구 아들은 정말 똑똑하대.

오늘따라 왜 이렇게 춥대?

② '−데'는 과거 어느 때에 직접 경험하여 알게 된 사실을 회상할 때 사용

예) 그 선생님 딸만 둘이데.

실장이 말을 아주 잘 하데.

오래간만에 학교에 갔는데 하나도 변하지 않았데.

2) 높임말 바르게 사용하기

서비스 업종에 근무하는 사람들이 고객에게 높임말을 잘못 사용하는 경우가 의
외로 많이 있다. 예를 들어 수납을 하는 직종에서 많이 사용하는 "2만원 나오셨
습니다." "처방전 나오셨습니다." 등과 같은 소위 '상점경어' '접대경어' 등은 표준

어와 차이가 많이 나는 잘못된 높임말들이다. 이러한 잘못된 높임말은 고객을 즐겁게 하는 것이 아니라 당황하게 하거나 불편하게 만드는 경우가 종종 발생하게 된다. 그러므로 비정상적인 존칭은 말하는 사람의 격을 떨어뜨리는 일이므로 높임말을 제대로 알고 사용하는 것이 대단히 중요하다.

(1) ~세요

　① '~세요' : 존대를 나타내는 말(존대의 대상은 사람이어야 하며, 사물은 존대의 대상이 될 수 없음)

　　예) "우리 원장님이세요."

　② '~세요'의 앞에 사람이 아닌 것이 오는 경우에는 명령을 나타냄

　　예) "갑자기 웬일이세요?" (의문) / "어서 가세요." (명령)

바른 표현으로 고쳐 보세요.

① 2만원이세요. →

② 5만원이세요. →

③ 제 노트북이세요. →

④ 신상(품) 나오셨어요. →

⑤ 90사이즈 있으세요. →

---

(2) ~게요

　서비스 업종에서, 병원에서 환자, 고객을 응대할 때 친근하다고 생각하며 자주 사용하는 말 중 "이쪽에 앉아 보실게요." "누우실게요." "주사 맞으실게요." "아~ 해보실게요." "고개를 돌려보실게요." "목에 힘 빼실게요." " 레이저 시술 시작하실게요." 수납창구에서 "결재 도와드리실게요." 등 고개를 갸웃거리게 하는 높임말을 들어보았을 것이다. 이러한 말씨는 올바르지 못한 표현이다.

① '- ㄹ게요' : '- ㄹ게+요' 형태로 내가 상대에게 어떤 행동을 하겠다고 공손하게 약속하는 말

예) 다시 연락할게요.

② "누우실게요."(×) "누우세요."(O)

"누울게요."는 내가 눕겠다고 상대에게 공손히 얘기하는 것이다. 그러나 여기에 '시'가 첨가된 '누우실게요'는 성립하지 않는다.

바른 표현으로 고쳐 보세요.

① 이쪽으로 오실게요. →

② 이쪽에 앉아 보실게요. →

③ 진료실로 가실게요. →

④ 누우실게요. →

⑤ 주사 맞으실게요. →

⑥ 아~ 해보실게요. →

⑦ 고개를 돌려보실게요. →

⑧ 목에 힘 빼실게요. →

⑨ 레이저 시술 시작하실게요. →

⑩ 수납창구에서 "결재 도와드리실게요. →

3. 띄어쓰기

띄어쓰기를 하는 이유는 단어들로 엮어진 문장 속에서 잠깐 멈추는 시간을 줌으로써 읽기 쉽게 하고, 의미의 단락을 구분함으로써 뜻을 명확하게 하기 위해서이다. 띄어쓰기를 해야 읽기 편하고 의미를 파악하기 쉽다.

그러나 우리말의 띄어쓰기 규정이 복잡하면서도 예외 규정이 많아 일반인이 완벽하게 구사하기는 쉽지 않다. 특히 일부 단어는 쓰임새(뜻)에 따라 의존명사가

되기도 하고 조사나 어미가 되기도 해 그때마다 띄어쓰기를 달리해야 한다.

어려운 만큼 띄어쓰기를 철저하게 하면 남보다 좋은 평가를 받을 수 있다. 띄어쓰기를 제대로 하려면 기본적으로 띄어쓰기의 일반 규정과 예외적인 규정을 어느 정도는 숙지하고 있어야 하며, 혼동되는 것은 그때그때 사전을 찾아보면서 글을 쓰는 것이 좋다.

1) 띄어쓰기의 일반 규칙

(1) 조사는 앞말에 붙여 쓴다

조사는 독립성이 없기 때문에 다른 단어 뒤에 종속적(從屬的)인 관계로 존재한다. 명사나 부사·어미 등에 붙어 그 말과 다른 말의 문법적 관계를 표시하거나 그 말의 뜻을 도와주는 품사를 말한다. 조사가 둘 이상 겹쳐지거나, 조사가 어미 뒤에 붙는 경우에도 붙여 쓴다.

　　① 꽃이 / 꽃마저 / 꽃밖에 / 꽃에서부터 / 꽃으로만
　　② 꽃이나마 / 꽃이다 / 꽃입니다 / 꽃처럼
　　③ 어디까지나 / 거기도 / 멀리는 / 웃고만

(2) 의존명사(불완전명사)는 띄어 쓴다

의존명사는 명사의 뜻을 띠고 있지만 독립적이지 못해서 다른 말의 도움을 받아 완전하게 쓰이기 때문에 의존명사 또는 불완전 명사라고 한다. '것' '수' '만큼' '이' '바' '지' 등이 있다.

　　① 아는 것이 힘이다.
　　② 나도 할 수 있다.
　　③ 할만큼 하거라.
　　④ 아는 이를 만났다.

⑤ 네가 뜻한 바를 알겠다.

⑥ 그가 떠난 지 오래다.

★ 중요한 또 한 가지!

독립적으로 써야 하는 의존명사 (앞말과 띄어쓰기를 해야 하는 대표적인 의존명사)

내 : 기간 내에, 지역 내, 한도 내

외 : 생각 외로, 그 외에도

초 : 21세기 초, 올해 초, 사건 발생 초부터

중 : 회의 중, 시험 중, 그 중에서, 기간 중

말 : 이달 말, 학기 말, 고려 말

적 : 어릴 적, 힘들었던 적

(3) 단위를 나타내는 명사는 띄어 쓴다

① 한 개 / 차 한 대 / 금 서 돈

② 소 한 마리 / 옷 한 벌 / 열 살

③ 조기 한 손 / 연필 한 자루 / 버선 한 죽

④ 집 한 채 / 신 두 켤레 / 북어 한 쾌

★ 중요한 또 한 가지!

순서를 나타내는 경우나 숫자와 어울려 쓰일 때는 붙여 쓸 수 있다

열시 사십분 오초 / 제일과 / 삼학년 / 칠층 / 제1장

1959년 10월 7일 / 2대대 / 15동 202호 / 제2실습실

(4) 수를 적을 때에는 '만(萬)' 단위로 띄어 쓴다

① 십오억 사천오백육십오만 팔천구백이십사

② 15억 4565만 8924

(5) 두 말을 이어 주거나 열거할 때 쓰이는 다음 말들은 띄어 쓴다

'대', '겸', '등', '및', '내지', '등지'는 모두 앞말과 뒷말을 이어주는 역할을 한다.
이처럼 자립적으로 쓰이지는 않지만 단어와 단어의 연결을 위해 쓰이는 말은 모
두 띄어쓰기 한다.

    ① 청군 대 백군 / 책상 · 걸상 등이 있다.
    ② 국장 겸 과장 / 열 내지 스물
    ③ 종이, 연필 등
    ④ 이사장 및 이사들 / 사과 · 배 · 귤 등
    ⑤ 하나 내지 둘
    ⑥ 유럽, 아시아 등지 / 서울 · 부산 등지

(6) 단음절로 된 단어가 연이어 나타날 때에는 붙여 쓸 수 있다

  그때 그곳 / 좀더 큰 것 / 이말 저말 / 한잎 두잎

(7) 보조 용언은 띄어 씀이 원칙이나 붙여 쓰는 것도 허용한다

    ① 불이 꺼져 간다. / 불이 꺼져간다.
    ② 내 힘으로 막아 낸다. / 내 힘으로 막아낸다.
    ③ 어머니를 도와 드린다. / 어머니를 도와드린다.
    ④ 그릇을 깨뜨려 버렸다. / 그릇을 깨뜨려버렸다.
    ⑤ 비가 올 듯하다. / 비가 올듯하다.
    ⑥ 그 일은 할 만하다. / 그 일은 할만하다.
    ⑦ 일이 될 법하다. / 일이 될법하다.
    ⑧ 눈이 올 성싶다. / 눈이 올성싶다.
    ⑨ 잘 아는 척한다. / 잘 아는척한다.
    ⑩ 버스를 놓쳐 버렸다. / 버스를 놓쳐버렸다.

앞말에 조사가 붙거나 앞말이 합성 동사인 경우, 그리고 중간에 조사가 들어갈 때엔 그 뒤에 오는 보조 용언은 띄어 쓴다

① 잘도 놀아만 나는구나!

② 네가 덤벼들어 보아라.

③ 강물에 떠내려가 버렸다.

④ 그가 올 듯도 하다.

(8) 성과 이름, 성과 호 등은 붙여 쓰고, 이에 덧붙은 호칭어·관직명 등은 띄어 쓴다

　① 김은주씨

　② 김영미 선생 / 윤동수 박사 / 충무공 이순신 장군

(9) 성명 이외의 고유명사는 단어별로 띄어 씀을 원칙으로 하나 단위별로 띄어 쓸 수 있다

　① 대전 중학교 / 대전중학교

　② 공주 대학교 사범 대학 / 공주대학교 사범대학

(10) 전문 용어는 단어별로 띄어 씀을 원칙으로 하나 붙여 쓸 수 있다

　① 급성 복막염 / 급성복막염

　② 손해 배상 청구 / 손해배상청구

2) 쓰임새에 따라 띄어쓰기하기

　조사나 어미는 앞말에 붙여 쓰고 의존명사는 띄어 쓰는 것이 원칙이지만 '~지' '~데' '~바' 등은 쓰임새에 따라 조사나 어미가 되기도 하고 의존명사가 되기도 한다.

쓰임새에 따라 띄었다 붙였다 해야 하므로 각 경우를 알고 있어야 한다. 다음 열 가지는 자주 쓰면서도 흔히 틀리는 것이다.

(1) 지 : 시간을 나타낼 때는 의존명사로 띄어 쓴다

  ① 그녀를 만난 지도 꽤 오래되었다.

  ② 집을 떠나 온 지 어언 3년이 지났다.

  ③ 친구가 집을 나간 지 사흘 만에 돌아왔다.

★ 중요한 또 한 가지!

의문 · 추측을 나타내는 경우에는 어미로 붙여 쓴다

① 그 사람이 누군지 아무도 모른다.
② 얼마나 부지런한지 세 사람 몫의 일을 해낸다.
③ 아버님, 어머님께서도 안녕하신지.

(2) 데 : '장소 · 경우 · 일 · 것'의 의미를 가질 때는 의존명사로 띄어 쓴다

  ① 그녀가 사는 데는 여기서 한참 멀다.

  ② 그 일을 다 끝내는 데 삼 일이 걸렸다.

  ③ 그 친구는 오직 자격증을 따는 데 목적이 있다.

  ④ 이 그릇은 귀한 거라 손님 대접하는 데나 쓴다.

★ 중요한 또 한 가지!

① 뒷말을 연결해 주는 연결형 어미일 때는 붙여 쓴다
  • 여기가 우리 고향인데 인심 좋고 경치 좋은 곳이지.
  • 날씨가 추운데 외투를 입고 나가거라.
  • 그 사람이 능력이 있기는 한데 이번 일에는 적합지 않다.
  • 팀장님이 그럴 분이 아니신데 큰 실수를 하셨다.
② 종결형 어미일 때도 붙여 쓴다
  • 오늘 날씨가 정말 추운데.
  • 언니가 정말 미인이신데.

(3) 바 : 앞에서 말한 내용 그 자체나 일 등을 나타내는 말과 방법, 주장, 등 형편을 뜻하는 말일 때는 의존명사로 띄어 쓴다

　① 각자 맡은 바 책임을 다하라.

　② 어찌할 바를 모르고 쩔쩔맸다.

　③ 어차피 매를 맞을 바에는 먼저 맞겠다.

★ 중요한 또 한 가지!

뒤 절에서 어떤 사실을 말하기 위해 그사실이 잇게 된 과거의 상황을 미리 제시할 때는 연결 어미로 붙여 쓴다

① 서류를 검토한바 몇 가지 미비한 사항이 발견되었다.
② 우리의 나아갈 바는 이미 정해진바 우리는 이제 그에 따를 뿐이다.
③ 그는 나와 동창인바 그를 잘 알고 있다.
④ 너의 죄가 큰바 응당 벌을 받아야 한다.

(4) 대로 : 어떤 모양이나 상태, 할 수 있는 최대한의 뜻일 때는 의존명사로 띄어 쓴다

　① 본 대로 들은 대로 이야기를 해봐라.

　② 예상했던 대로 시험 문제가 까다로웠다.

　③ 그 둘의 애정은 식을 대로 식었다.

　④ 될 수 있는 대로 빨리 와라.

　⑤ 네가 하고 싶은 대로 해라.

★ 중요한 또 한 가지!

(명사 뒤에 붙어) 앞에 오는 말에 근거하거나 달라짐이 없음을 나타내는 보조사와 따로따로 구별됨을 나타내는 보조사일 때는 붙여 쓴다

① 처벌하려면 법대로 해라.
② 큰 것은 큰 것대로 따로 모아 둬라.
③ 너는 너대로 나는 나대로 서로 상관 말고 살자.

(5) 밖 : 어떤 선이나 금을 넘어선 쪽, 겉이 되는 쪽, 일정한 한도나 범위에 들
　　지 않는 나머지 다른 부분 · 일 등을 나타낼 때는 명사로 띄어 쓴다

　　① 이 선 밖으로 물러나 기다리시오.
　　② 어머니는 동구 밖에까지 따라 나오며 우리를 배웅하셨다.
　　③ 그녀는 기대 밖의 높은 점수를 얻었다.
　　④ 예상 밖으로 일이 복잡해졌다.

★ 중요한 또 한 가지!

'그것 말고는'의 뜻을 나타낼 때는 조사로 붙여 쓰고, 반드시 뒤에 부정을 나타내는 말이 따른다

① 그는 공부밖에 모른다.
② 하나밖에 남지 않았다.
③ 나를 알아주는 사람은 너밖에 없다.
④ 가지고 있는 돈이 천 원밖에 없었다.

(6) 뿐 : (어미 '-을' 뒤에 쓰여) 다만 어떠하거나 어찌할 따름이라는 뜻을 나타
　　낼 때는 의존명사로 띄어쓴다

　　① 소문으로만 들었을 뿐이네.
　　② 그는 웃고만 있을 뿐이지 싫다 좋다 말이 없다.
　　③ 모두들 구경만 할 뿐 누구 하나 거드는 이가 없었다.

(7) 만 : (주로 '만에' '만이다' 꼴로 쓰여) 시간, '~동안'을 나타내는 말일 때는
　　의존명사로 띄어 쓴다

　　① 도착한 지 두 시간 만에 떠났다.
　　② 그때 이후 삼 년 만이다.
　　③ 도대체 이게 얼마 만인가.

① '앞말이 뜻하는 동작이나 행동에 타당한 이유가 있음을 나타내는 말일 때도 의존명사로 띄어 쓴다

- 그가 화를 낼 만도 하다.
- 듣고 보니 좋아한 만은 한 이야기다.
- 그냥 모르는 척 살 만도 한테 말이야.
- 그가 그러는 것도 이해할 만은 하다.

② 한정을 나타내거나 강조하는 뜻일 때는 보조사로 붙여 쓴다

- 하루 종일 잠만 잤더니 머리가 띵했다.
- 선생님을 만나야만 모든 문제가 해결될 수 있다.
- 열 장의 복권 중에서 하나만 당첨돼도 바랄 것이 없다.

(8) 만큼 : 앞의 내용에 상당하는 수량이나 정도임을 나타내는 말일 때는 의존 명사로 띄어 쓴다.

① 노력한 만큼 대가를 얻게 마련이다.
② 사용한 만큼 돈을 내면 된다.
③ 방 안은 숨소리가 들릴 만큼 조용했다.

① 뒤에 나오는 내용의 원인이나 근거가 됨을 나타내는 말일 때도 의존명사로 띄어 쓴다
- 어른이 심하게 다그친 만큼 그의 행동도 달라져 있었다.
- 까다롭게 검사하는 만큼 준비를 철저히 해야 한다.

② 주로 명사 뒤에 붙어 앞말과 비슷한 정도나 한도임을 나타낼 때는 보조사로 붙여 쓴다
- 명주는 무명만큼 질기지 못하다.
- 공부만큼은 남에게 뒤지지 않는다.
- 부모님에게만큼은 잘해 드리고 싶었는데!

(9) 간(間) : 한 대상에서 다른 대상까지의 사이나 관계를 나타낼 때는 의존명사로 띄어 쓴다

① 고속철을 타면 서울과 부산 간에 2시간 40분이 걸린다.
② 부모와 자식 간에도 예의를 지켜야 한다.

★ 중요한 또 한 가지!

① 앞에 나열된 말 가운데 어느 쪽인지를 가리지 않는다는 뜻일 때도 의존명사로 띄어 쓴다.
  • 공부를 하든지 운동을 하든지 간에 열심히만 해라.
② 기간을 나타내는 일부 명사 뒤에 붙어) '동안'의 뜻을 나타낼 때는 접미사로 붙여 쓴다.
  • 이틀간, 한 달간, 30일간, 2년간

(10) 망정 : 괜찮거나 잘된 일이라는 뜻을 나타내는 말일 때는 의존명사로 띄어 쓴다

엄마가 바로 옆에 있었으니까 망정이지 하마터면 아기가 크게 다칠 뻔 했다.

★ 중요한 또 한 가지!

(주로 'ㄹ'받침인 용언의 어간에 붙어) 앞 절의 사실을 인정하고 뒤 절에 그와 대립되는 다른 사실을 이어 말할 때에는 연결어미로 붙여 쓴다.

① 시골에서 살망정 세상 물정을 모르지는 않는다.
② 우리 학교는 규모가 작을망정 역사는 오래됐다.
③ 시험에 떨어질망정 남의 것을 베끼지는 않겠다.

3) 혼동하기 쉬운 띄어쓰기

일반적으로는 맞춤법 규정에 따라 띄어쓰기를 하면 되지만, '보잘것없다'와 같이 전체가 한 단어로 굳어져 붙여 쓰는 경우가 있다. '~커녕' '~는(은)커녕'처럼 띄어 쓰는 것으로 생각하기 쉬우나 항상 붙여 쓰는 단어도 있다.

(1) '안'은 '안 간다' '안 먹는다' '안 된다'처럼 띄어 쓰지만, 일·현상이 좋게 이뤄지지 않거나 사람이 훌륭하게 되지 못함을 뜻하는 '안되다'('잘되다'의 반대 개념)은 한 단어로 붙여 쓴다

　① 학교에 지각하면 안 된다.(일반적인 경우)

　② 장사가 너무 안된다.('잘되다'의 반대)

　③ 자식이 안되기를 바라는 부모가 어디 있겠는가.('잘되다'의 반대)

(2) '못'은 '못 간다' '못 말린다' 등과 같이 띄어 쓰지만, '못하다'는 한 단어로 붙여 쓴다

　① 담배는 피우지만 술은 못한다.

　② 노래를 못한다.

　③ 공부를 못한다.

★ 중요한 또 한 가지!

'못'이 '되다'와 결합하는 경우 성질·품행이 좋지 않거나 일이 뜻대로 되지 않음을 나타낼 때는 '못되다'가 한 단어다.
① 전철역까지의 거리가 1km도 채 못 된다.(일반적인 경우)
② 못된 심보다. 못된 짓만 골라 한다.(성질·품행)
③ 못된 게 남의 탓이냐. 잘된 일인지, 못된 일인지 누가 알겠는가.(일이 뜻대로 되지 않음)

(3) '동안'은 '3시간 동안, 사흘 동안' 등과 같이 띄어 쓰는 것이 원칙이나 '그동안' '오랫동안' '한동안'은 한 단어로 붙여 쓴다

　① 그동안 연락이 없어 무척 궁금했다.

　② 그 여학생을 오랫동안 먼발치에서 혼자 좋아해 왔다.

　③ 무거운 침묵이 한동안 계속되었다.

(4) '만'이 시간이나 '～동안'을 나타낼 때는 '하루 만에'처럼 띄어 쓰지만 '오래간만에'와 준말인 '오랜만에'는 한 단어로 붙여 쓴다

① 정말 오래간만에 비가 내렸다.

② 어제는 오랜만에 친구들을 만나 한잔했다.

(5) '～커녕' '～는(은)커녕'은 띄어 쓰는 것으로 생각하기 쉬우나 모두 붙여 쓴다

① 밥커녕 죽도 못 먹는다.

② 그 녀석 고마워하기는커녕 아는 체도 않더라

(6) '～ㄴ즉'은 '～ㄴ 즉'과 같이 띄어쓰기 쉬우나 보조사 또는 연결어미로 붙여 쓴다

① 글씬즉 악필이다. / 이야긴즉 옳다.(보조사)

② 말씀인즉 지당하지만 그대로 하기는 어렵습니다.(연결어미)

③ 쉽게 풀어 쓴 책인즉 이해하기가 쉬울 것이다.(연결어미)

(7) '내 것' '네 것' '언니 것' 등 '것'은 일반적으로 띄어 쓰나. '이것' '저것' '이것 저것' '요것' '그것' '고것' '아무것' 등은 한 단어로 붙여 쓴다

① 이것저것 다 해봤지만 별 수 없었다.

② 그것은 거기다 내려놓고 빈손으로 이리 오게.

③ 그는 살아남기 위해 아무것이나 닥치는 대로 일했다.

(8) '것을'의 준말인 '걸'은 띄어 쓰지만, 추측이나 미련을 나타내는 '～걸'은 붙여 쓴다

① 아직 멀쩡한 걸 왜 버리느냐?('것을'의 준말)

② 그 친구는 내일 미국으로 떠날걸.(추측)

③ 내가 잘못했다고 먼저 사과할걸.(미련)

(9) '것이'의 준말인 '게'는 띄어 쓰지만, 약속을 나타내는 '~ㄹ게'는 붙여 쓴다

　　① 저기 보이는 게 우리 집이다.('것이'의 준말)

　　② 내일 갈게. 다시 연락할게.(약속)

(10) '중'은 '둘 중' '이 중' 등과 같이 띄어 쓰지만 '그중'은 한 단어로 붙여 쓴다

　　책을 세 권 샀는데 그중에 한권이 파본이다.

(11) '달'은 '한 달' '두 달' '이번 달' 등과 같이 띄어 쓰지만 '그달' '이달'은 한 단어로 붙여 쓴다

　　① 그들은 3월 초에 처음 만나서 그달 말에 약혼했다.

　　② 이달 들어 기온이 급격히 올라갔다.

(12) '번'은 일의 차례나 횟수를 나타낼 때는 띄어 쓰지만, '시험 삼아 시도하다' '어떤 때' '행동의 강조'를 나타낼 때는 한단어로 붙여 쓴다

　　① 두 번 중 한 번은 실패했다.(일의 횟수)

　　② 제대로 한번 해 보자.(시험 삼아 시도하다)

　　③ 우리 집에 한번 놀러 오세요.(어떤 때)

　　④ 말 한번 시원하게 잘했다.(행동의 강조)

(13) '이 같은'은 두 단어로 띄어 쓰고, '이같이'는 한 단어로 붙여 쓴다. 그러나 '똑같다'는 단어에서 나온 '똑같은'과 '똑같이'는 붙여 쓴다

　　① 이 같은 일이 벌어지리라고는 아무도 알지 못했다.

　　② 선생님이 이같이 화를 내시는 모습을 본 적이 없었다.

　　③ 매일 똑같은 생활을 되풀이하고 있다.

　　④ 우리는 똑같이 졸업반이다.

(14) '가지 않다' '먹지 않다' 등 '~지 않다'는 보통 두 단어로 띄어 쓰지만, '마지않다' '머지않다' '못지않다'는 한 단어로 붙여 쓴다

   ① 그분은 내가 존경해 마지않는 분이다.

   ② 머지않아 좋은 소식이 올 것이다.('멀지 않아'는 두 단어로 띄어 씀)

   ③ 그는 화가 못지않게 그림을 잘 그린다.

(15) '보잘것없다' '하잘것없다' '온데간데없다' '올데갈데없다' '얼토당토않다(얼토당토아니하다)'는 전체가 한 단어로 모두 붙여 쓴다

   ① 보잘것없는 수입이지만 저는 이 일이 좋습니다.

   ② 하잘것없는 일로 형제끼리 다투어서야 되겠는가.

   ③ 선거 때의 장밋빛 공약은 온데간데없다.

   ④ 현대 핵가족 생활에서 노인은 올데갈데없다.

   ⑤ 소문은 얼토당토않은 데서부터 시작됐다.

(16) '~ㄹ텐데' '~ㄹ테야'는 한 단어로 생각하고 붙여 쓰기 쉬우나 '텐데'는 '터인데', '테야'는 '터이야'의 준말이므로 띄어 쓴다

   ① 선생님이 아시면 크게 화내실 텐데.(←화내실 터인데)

   ② 누가 뭐라고 하든 내 마음대로 할 테야.(←할 터이야)

(17) 다음 단어들은 의미가 전성된 복합어(한 단어)로 붙여 쓴다

   ① 새것 · 새집 · 새살림 · 새잎 · 새색시 · 새댁

   ② 큰돈 · 큰손 · 큰길 · 큰절 · 큰비 · 큰물 · 큰불 · 큰집 · 큰아버지 · 큰아들

   ③ 작은방 · 작은창자 · 작은집 · 작은형 · 작은아들 · 작은마누라

(18) 지난날 · 지난주 · 지난달 · 지난해 · 지난봄 · 지난여름 · 지난겨울, 올여름 · 올겨울 등은 한 단어로 붙여 쓴다

① 그녀와 보냈던 지난날의 추억을 잊을 수 없다.

② 기말 고사 성적이 중간고사보다 올랐다.

③ 지난겨울에는 유독 눈이 많이 내렸다.

④ 올여름은 지난해보다 훨씬 덥다.

4. 올바른 발음 연습

1) 정확하게 발음해보자

① 힘이 약하다. [야가다](×) → [야카다](○)

② 넷을 합해서 [하배서](×) → [하패서](○)

③ 조급하게 [조:그바게](×) → [조:그파게](○)

④ 떡하고 밥하고 먹다. [떠가고 바바고](×) → [떠카고 바파고](○)

⑤ 가슴이 답답하다. [답따바다](×) → [답따파다](○)

⑥ 학교를 졸업하다. [조러바다](×) → [조러파다](○)

⑦ 아주 만족하다. [만조가다](×) → [만조카다](○)

⑧ 통지서가 날아왔다. [날라와따](×) → [나라와따](○)

⑨ 참을성이 필요하다. [필료하다](×) → [피료하다](○)

⑩ 물욕을 버리자. [물록](×) → [무룍](○)

2) 된소리가 지나치게 나오지 않도록 유의하며 정확하게 발음해보자

① 그는 키가 작다. [짝따](×) → [작:따](○)

② 방이 무척 좁다. [쫍따](×) → [좁따](○)

③ 거꾸로 매달려 있다. [꺼꾸로 / 꺼꿀로]×) → [거꾸로](○)

④ 연필이 부러지다. [뿌러지다](×) → [부러지다](○)

⑤ 민수는 힘이 세다. [쎄다](×) → [세:다](○)

⑥ 전화번호가 바뀌었다. [저놔뺀노](×) → [전:화번호](○)

⑦ 불법 주차는 단속의 대상이다. [불**뻡**](×) → [불법](○)

⑧ 이것은 저것과 다른 물건이다. [따른 / 달른](×) → [다른](○)

⑨ 창고에 곡식을 쌓아 두다. [창꼬](×) → [창고](○)

3) 된소리의 지나침, 받침의 연음, 불필요한 음운 첨가, 음운축약, 이중모음의 발음 등에 유의하며 정확하게 발음해보자

① 라면 삶아 먹을까? [쌀마](×) → [살마](○)

② 그는 평생 뜻있는 일을 했다. [뜨신는](×) → [뜨딘는](○)

③ 작은 언니가 시집을 간다. [짜근언니](×) → [자근언니](○)

④ 김치 볶음밥이 아주 맛있다. [뽀끔밥](×) → [보끔밥](○)

⑤ 아이를 무릎에 앉히다. [무르베](×) → [무르페](○)

⑥ 식사 거르지 말아라. [걸르지](×) → [거르지](○)

⑦ 10분 후에 도착해. 기다려. [도차개][기달려](×) → [도차캐][기다려](○)

⑧ 손끝으로 가리키다. [손끄스로](×) → [손끄트로](○)

⑨ 여름날의 불볕 더위 [불**뻗**떠위](×) → [불**볃**떠위](○)

⑩ 쾌유를 빕니다. [캐유](×) → [쾌유](○)

4) 불필요한 음운 첨가와 이중모음의 발음 등에 유의하며 정확하게 발음해보자

① 만:화를 재밌게 보다. [마나](×) → [만:화](○)

② 이 분야에서 오랫동안 일:했다. [분냐](×) → [부냐](○)

③ 일요일에 뭐할까? [일뇨일](×) → [이료일](○)

④ 물자 절약을 하자. [절냑](×) → [저략](○)

⑤ 모두 적극적으로 참여합시다. [참녀](×) → [차며](○)

⑥ 공권력을 투입하다. [공꿜력](×) → [공꿘녁](○)

⑦ 영화 촬영 현:장에 가다. [촬령](×) → [촤령](○)

⑧ 약물 오:남용을 하지 맙시다. [오남뇽](×) → [오:나뇽](○)

⑨ 그 선:수의 활약이 대:단하다. [활략](×) → [화략](○)

⑩ 병:원체의 감:염 경로를 알아내다. [감념](×) → [가:몀](○)

5) 발음 연습 겹받침 정확하게 발음하기

다음은 우리가 일상 속에서 잘못하기 쉬운 겹받침의 발음들이다. 발음 규칙을 문법으로 외우기보다는 문장을 통해 발음기호를 소리 내어 읽으면서 정확한 발음법에 익숙해지도록 하자.

① 나무와 흙과 태양은 그 값과 가치를 따질 수 없다.
      [흑꽈]   [갑꽈]   [업:다]

② 교실에 앉아 공부하고 시도 읊조리며 책을 읽었다.
  [교:시레 안자]   [읍쪼리며]   [일걷따]

③ 맑게 갠 하늘 아래 맑은 냇물이 흐르고 있다.
  [말께 갠:]   [말근 낸:무리]   [읻따]

④ 저녁 하늘은 송두리째 붉게 타고 있었다.
             [불께]   [읻썯따]

⑤ 밟지 말라고 했는데, 넓은 잔디밭을 걸어보니 넓기도 넓다.
  [밥:찌]   [널븐]   [널끼도 널따]

5. 문장부호

문장부호의 이름과 사용법은 다음과 같이 정한다.

1) 마침표

(1) 온점(.) , 고리점(,)

가로 쓰기에는 온점, 세로쓰기에는 고리점을 쓴다.

① 서술 명령 청유 등을 나타내는 문장의 끝에 쓴다
- 어린이는 나라의 보배다.
- 황금 보기를 돌같이 하라.
- 교실로 들어가자.

★ 중요한 또 한 가지!

표제어나 표어에는 쓰지 않는다.
- 금강은 흐른다 (표제어)
- 꺼진 불도 다시 보자 (표어)

② 아라비아 숫자만으로 연월일을 표시할 적에 쓴다
- 1919. 3. 3 (1919년 3월 3일)

③ 표시문자 다음에 쓴다
- 1. 마침표   ㄱ. 물음표   가. 인명

④ 준말을 나타내는데 쓴다
- 서. 1987. 3. 3. (서기)

(2) 물음표(?)

의심이나 물음을 나타낸다.

① 직접 질문 할 때 쓴다
- 이제 가면 언제 돌아오니?
- 이름이 뭐지?

② 반어나 수사의문을 나타낼 때 쓴다

- 제가 교수님 말씀을 거역 할 리가 있겠습니까?

- 이게 은혜에 대한 보답이야?

- 남북통일이 되면 얼마나 좋을까?

③ 특정한 어구 또는 그 내용에 대하여 의심이나 빈정거림, 비웃음 등을 표
시할 때 또는 적절한 말을 쓰기 어려운 경우 소괄호 안에 쓴다

- 그것 참 훌륭한(?) 태도야.

- 우리 집 고양이가 가출(?)을 했어요.

★ 중요한 또 한 가지!

① 한 문장에서 몇 개의 선택적인 물음이 겹쳤을 때에는 맨 끝의 물음에만 쓰지만 각각
독립된 물음인 경우에는 물음마다 쓴다.

- 너는 한국인이냐, 일본인이냐?
- 너는 언제 왔니? 어디서 왔니? 무엇하러?

② 의문형 어미로 끝나는 문장이라도 의문의 정도가 약할 때에는 물음표 대신 온점(또는
고리점) 을 쓸 수도 있다

- 이일을 도대체 어쩐단 말이냐.
- 아무도 그 일에 찬성하지 않을 거야. 그것은 나쁜 짓이니까.

(3) 느낌표(!)

감탄이나 놀람, 부르짖음, 명령 등 강한 느낌을 나타낸다.

① 느낌을 힘차게 나타내기 위해 감탄사나 감탄형 종결 어미 다음에 쓴다

- 앗!

- 아, 달이 밝구나!

② 강한 명령문 또는 청유문에 쓴다

- 지금 즉시 출발해!

- 부디 감기조심 하도록!

③ 감정을 넣어 다른 사람을 부르거나 대답할 적에 쓴다

- 명구야!

- 예, 교수님!

④ 물음의 말로써 놀람이나 항의의 뜻을 나타내는 경우에 쓴다

- 이게 누구야!

- 내가 왜 나빠!

★ 중요한 또 한 가지!

감탄형 어미로 끝나는 문장이라도 감탄의 정도가 약할 때에는 느낌표대신 온점(또는 고리점)을 쓸 수도 있다

- 개구리가 나온 것을 보니 봄이 오긴 왔구나.

2) 쉼표

(1) 반점(,), 모점(,)

가로쓰기에는 반점 세로쓰기에는 모점을 쓴다.

문장 안에서 짧은 휴지를 나타낸다.

① 같은 자격의 어구가 열거될 때 쓴다

- 근면 검소 협동은 우리겨레의 미덕이다.
- 충청도의 계룡산 전라도의 내장산 강원도의 설악산은 모두 국립공원이다.

★ 중요한 또 한 가지!

조사로 연결 될 적에는 쓰지 않는다.

- 매화와 난초와 국화와 대나무를 사군자라고 한다.

② 짝을 지어 구별할 필요가 있을 때에 쓴다

- 부모와 자식, 남편과 부인 간에는 서로 지켜야 할 예절이 있다.

③ 바로 다음의 말을 꾸미지 않을 때에 쓴다

- 슬픈 사연을 간직한, 경주불국사의 무영탑

- 성질이 급한, 기수의 누이동생이 화를 내었다.

④ 대등하거나 종석적인 절이 이어질 때에 절 사이에 쓴다
- 콩 심으면 콩 나고 팥 심으면 팥 난다.
- 흰 눈이 내리니 경치가 더욱 아름답다.

⑤ 부르는 말이나 대답하는 말 뒤에 쓴다
- 아들아, 빨리 내려오너라.
- 예, 지금 출발 하겠습니다.

⑥ 제시어 다음에 쓴다
- 젊음, 젊음은 한때 이지만, 철없음은 영원할 수 있다.
- 열정, 이것이야 말로 성공의 열쇠이다.

⑦ 도치된 문장에 쓴다
- 이쪽으로 오세요, 아버님.
- 다시보자, 한강수야.

⑧ 가벼운 감탄을 나타내는 말 뒤에 쓴다
- 아, 깜빡 잊었구나.

⑨ 문장 첫머리의 접속이나 연결을 나타내는 말 다음에 쓴다
- 첫째, 몸이 튼튼해야 한다.
- 아무튼, 나는 집에 돌아가겠다.

★ 중요한 또 한 가지!

일반적으로 쓰이는 접속어(그러나 ,그러므로, 그리고, 그런데 등) 뒤에는 쓰지 않음을 원칙으로 한다.
- 그러나 결과가 좋아서 다행이다.

⑩ 문장중간에 끼어든 구절 앞뒤에 쓴다

- 나는, 솔직히 말하면, 그 사람 좋아하지 않아.
- 명구는 표정관리를 하고, 속으로는 화가 치밀었지만, 손님을 맞았다.

⑪ 뒤풀이를 피하기 위하여 한 부분을 줄일 때에 쓴다

- 여름에는 바다에서, 겨울에는 산에서 휴가를 즐겼다.

⑫ 문맥상 끊어 읽어야 할 곳에 쓴다

- 후배는 울면서, 떠나는 선배를 배웅했다.
- 보라는, 내가 제일 좋아하는 친구이다.

⑬ 숫자를 나열할 때에 쓴다

- 1, 2, 3, 4, 5

⑭ 수의 폭이나 개략의 수를 나타낼 때에 쓴다

- 5, 6세기   6, 7개

⑮ 수의 자릿점을 나타낼 때에 쓴다

- 15,248

(2) 가운뎃점(·)

열거된 여러 단위가 대등하거나 밀접한 관계임을 나타낸다.

① 쉼표로 열거된 어구가 다시 여러 단위로 나누어질 때에 쓴다

- 이순·연익·경자, 종애·영애·지연이가 서로 짝이 되어 윷놀이를 하였다.
- 대형마트에 가서 쌀·미역·국수·우유·치즈·바나나·사탕을 샀다.

② 특정한 의미를 가지는 날을 나타내는 숫자에 쓴다

- 3·1운동   8·15광복

③ 같은 계열의 단어사이에 쓴다

- 경북 방언의 조사 · 연구
- 충북 · 충남 두도를 합하여 충청도라 한다.
- 동사 · 형용사를 합하여 용언이라 한다.

(3) 쌍점(:)

① 내포되는 종류를 들 때 쓴다

- 문장부호 : 마침표 쉼표 따옴표 묶음표 등
- 문방사우 : 붓, 먹, 벼루, 종이

② 소표제 뒤에 간단한 설명이 붙을 때에 쓴다

- 일시 : 1985년 10월 15일 10시
- 마침표 : 문장이 끝남을 나타낸다.

③ 저자명 다음에 저서명을 적을 때에 쓴다

- 정약용 : 목민심서, 경제유표
- 주시경 : 국어문법, 서울박물서관, 1910

④ 시(時)와 분(分), 장(章)과 절(節) 따위를 구별할 때나 , 둘 이상을 대비할 때 쓴다

- 오전 10:20 (오전 10시 20분)
- 요한 3:16 (요한 3장 16절)
- 대비 65:60 (65대60)

(4) 빗금(/)

① 대응 대립되거나 대등한 것을 함께 보이는 단어와 구, 절 사이에 쓴다

- 남궁만 / 남궁 만 백이십오 원 / 125원
- 착한사람 / 악한 사람 맞닥뜨리다 / 맞닥트리다

② 분수를 나타낼 때에 쓰기도 한다

- 3/4 분기   3/20

3) 따옴표

(1) 큰따옴표 (" ")   겹낫표(『 』)

가로쓰기에는 큰따옴표 세로쓰기에는 겹낫표를 쓴다.
대화 ,인용, 특별어구 따위를 나타낸다.

① 글 가운데서 직접 대화를 표시할 때에 쓴다
- "시험공부를 안 하고 시험을 보면 결과가 어떨까?"
- "그야 시험점수가 형편없겠지"

② 남의 말을 인용할 경우에 쓴다
- "예로부터 민심은 천심이다." 라고 하였다.
- '사람은 사회적 동물이다.'라고 말한 학자가 있다.

(2) 작은따옴표(' ')   낫표(「 」)

가로쓰기에는 작은따옴표, 세로쓰기에는 낫표를 쓴다.

① 따온 말 가운데 다시 따온 말이 들어 있을 때에 쓴다
- "여러분, 침착해야 합니다. '하늘이 무너져도 솟아날 구멍이 있다' 고 합
   니다."

② 마음속으로 한 말을 적을 때에 쓴다
- '만약 내가 로또1등 당첨된다면 모두들 깜짝 놀라겠지.'

4) 묶음표

(1) 소괄호 ( )

① 원어 연대 주석 설명 등을 넣을 때에 쓴다
- 커피(Coffee)는 기호식품이다.
- 10.26운동(1979)당시 나는 대학생이었다.
- '무정(無情)'은 춘원(6 · 25)때의 작품이다.
- 니체(독일의 철학자)는 이렇게 말했다.

② 특히, 기호 또는 기호적인 구실을 하는 문자 단어 구에 쓴다
- (1) 주어(ㄱ) 명사(라) 소리에 관한 것
- (3) 빈자리임을 나타낼 적에 쓴다.
   우리나라의 수도는 (   ) 이다.

(2) 중괄호 { }

여러 단위를 동등하게 묶어서 보일 때에 쓴다.
- 주격조사 {이, 가} 국가의 삼 요소 {국토, 국민, 주권}

(3) 대괄호 [ ]

① 묶음표 안의 말이 바깥 말과 음이 다를 때에 쓴다
- 나이(年歲)   낱말(單語)   손발(手足)

② 묶음표 안에 또 묶음표가 있을 때에 쓴다
- 명령에 있어서의 불확실 [단호(斷乎)하지 못함] 은 복종에 있어서의 불확실 [모호(模湖)함]을 낳는다.

5) 이음표

(1) 줄표(-)

이미 말한 내용을 다른 말로 부연하고나 보충함을 나타낸다.

① 문장 중간에 앞의 내용에 대해 부인하는 말이 끼어들 때에 쓴다
- 그 신동은 네 살에 - 보통 아이 같으면 천자문도 모를 나이에 - 벌써 시를 지었다.

② 앞의 말을 정정 또는 변명하는 말이 이어질 때에 쓴다
- 교수님께 말했다가 - 아니, 말씀드렸다가 - 꾸중만 들었다.
- 나는 1등이니까 - 아니, 내가 최고 잘했기 때문에 - 우선권이 있다.

(2) 붙임표(-)

① 사전 논문에서 합성어를 나타낼 적에, 또는 접사나 어미임을 나타낼 적에 쓴다
- 겨울-나그네   불-구경   손-발   휘-날리다   슬기-롭다

② 외래어와 고유어 또는 한자어가 결합되는 경우를 보일 때에 쓴다
- 나일로-실   다-장조   빛-에너지   염화-칼륨

(3) 물결표(～)

① '내지' 라는 뜻에 쓴다
- 1월 15일 ～ 1월 25일

② 어떤 말의 앞이나 뒤에 들어갈 말 대신 쓴다
- 새마을 : ～ 운동   ～ 노래
- -가(家) : 음악 ～   미술～

6) 드러냄표

(1) 드러냄표(˙ , °)

˙ 이나 °을 가로쓰기에는 글자위에 , 세로쓰기에는 글자 오른쪽에 쓴다.

문장 내용 중에서 주의가 미쳐야 할 곳이나 중요한 부분을 특별히 드러내 보일 때 쓴다.

> 예) 한글의 본 이름은 훈·민·정·음 이다
>
> 중요한 것은 왜˚ 사˚ 느˚ 냐˚ 가 아니라 어˚ 떻˚ 게˚ 사˚ 느˚ 냐˚ 이다

★ 중요한 또 한 가지!

가로 쓰기 에서는 밑줄(, ~)을 치기도 한다.
- 다음보기에서 명사가 아닌 것은?

7) 안드러냄표

(1) 줄임표(……)

① 할 말을 줄였을 때에 쓴다
- "어디 나하고 한 번……"

② 말이 없음을 나타낼 때에 쓴다
- "빨리 말 해!"
- "……"

6. 생활 속 우리말 바로 알기

일상생활에서 어떤 낱말이나 표현에 대해 정확히 모르더라도 그것을 활용해 자신의 생각을 표현하고 남의 말을 알아듣는 데 큰 문제가 없다 보니 조금 헷갈리더라도 사용하는 경향이 있다.

예) '아니에요' '아니예요.'나 '-든지' '-던지'는 매일 쓰면서도 헷갈리는 말이지만 그냥 사용하고 있다. '넘어'와 '너머'도 자주 사용하면서도 어느 쪽이 맞는지 구분하기가 쉽지 않다.

1) '아니예요'가 '아니에요'

받침이 있는 체언 뒤에는 '-이에요'를 쓴다.

① 전 학생이 아니에요.
② 전 학생이에요.
③ 잘못한 사람은 당신이에요.
④ 이게 바로 제 책이에요.

2) '예요'는 '-이에요'가 줄어든 말이다

받침이 없는 체언 뒤에는 '예요'가 쓰인다.

① 청소를 한 사람은 바로 저예요.
② 여기 제 성적표예요.

★ 중요한 또 한 가지!

동사나 형용사의 어간에는 '-예요'(아니+에요)가 결합하고, 명사에는 '-이에요'(책상+이에요) 또는 그 준말인 '-예요'(저예요)가 결합한다는 사실을 기억하면 된다.

3) '너무'는 필요할 때만 사용 합시다

　　대화를 할 때, 또는 시상식 때 소감을 말할 때에도 "너무 너무 행복하다.", "너무 예쁘다" 등 근래 들어 '너무'를 남용하는 경향이 있다. 따라서 "너무 예쁘다"는 지나치게 예뻐서 문제가 된다는 부정적 의미가 아닌 이상 사용해선 안 되는 표현이다. '너무'하나로도 부족해 "너무 너무 예쁘다" "너무 너무 감사해요"라고 하는 경우도 있다.

(1) 어법에 맞지 않는 '너무'를 사용하지 말자

　　① 너무 예쁘다. (×)

　　② 너무 맛있다. (×)

　　③ 너무 착하다. (×)

　　④ 너무 기쁘다. (×)

　　⑤ 너무 괜찮았어. (×)

　　⑥ 너무 좋아. (×)

　　⑦ 너무 감사합니다. (×)

(2) 원래 '너무'는 '일정한 정도나 한계에 지나치게'의 뜻으로 부정적 의미를 가지고 있다

　　① 너무 크다. (○)

　　② 너무 어렵다. (○)

　　③ 너무 위험하다. (○)

　　④ 너무 늦다. (○)

　　⑤ 너무 멀다. (○)

　　⑥ 너무 많다. (○)

'너무'는 부정적 의미에만 쓰고 그 외에는 '정말' '무척' '매우' '굉장히' '아주' '대단히' 등 적절한 단어를 사용하는 것이 우리말의 풍부한 표현력을 살리는 길이다.

① 정말 예쁘다.

② 진짜 맛있다.

③ 매우 착하다.

④ 무척 기쁘다.

⑤ 아주 괜찮았어.

⑥ 대단히 감사합니다.

4) 흡연을 삼가 주십시오

'만인의 건강을 위해 흡연을 삼가 주십시요.' (×)

'흡연을 삼가 주십시오.'가 바른 표기이다.

'삼가하다.'란 단어는 없다. '삼가다'가 원형이다. '삼가다'에 '하다'를 잘못 붙여 쓰고 있다는 것이다.

'나가다 – 그만 나가 주세요.'처럼 '삼가다 – 말을 삼가 주세요.'로 써야 한다.

그리고 '주십시요.'는 '주십시오'의 잘못이다. 문장을 끝맺을 때 쓰는 어미는 '–오'이다.

'담배 한 개비 빌려 주십시오.' 라고 해야 한다.

애연가 여러분! 이젠 담배를 삼가고 건강을 챙기십시오.

5) '저희 나라'라고 하지 마라

'저희 나라'는 우리나라를 낮추어 말하는 것이다. 이는 겸손하게 말하고자 하는 마음이 지나쳐 생긴 잘못된 표현으로 '우리나라'라고 써야 한다.

만약 외국인에게 "당신의 나라 사람들이 가장 즐겨 먹는 음식은 무엇입니까"와 같은 질문을 받았다면

　① 우리나라 사람들이 가장 즐겨 먹는 음식은 김치입니다.

　② 한국 사람들은 된장찌개를 가장 즐겨 먹습니다.

★ 중요한 또 한 가지!

'우리나라'는 〈표준국어대사전〉에 '우리 한민족이 세운 나라를 스스로 이르는 말'이란 뜻의 한 단어로 올라 있으므로 띄어 쓰지 않고 붙여 쓰도록 한다.

'저희'는 '우리'의 낮춤말이다. 자신보다 높은 사람에게 자기를 포함한 여러 사람들 낮추어 말할 때 쓰인다.

　① 저희가 잘못했습니다.

　② 저희 선생님은 참 상냥하세요.

6) 어려운 사이시옷

사이시옷을 받쳐 적는 조건은 다음과 같다. 우선 순우리말로 된 합성어이거나 순우리말과 한자어로 된 합성어로서 앞말이 모음으로 끝나야 한다. 이 조건을 충족하는 합성어 중 다음과 같은 경우에 사이시옷을 붙인다.

　① 뒷말의 첫소리가 된소리로 나는 경우다. 나뭇가지[나무까지], 머릿기름[머리끼름], 귓병[귀뼝], 전셋집[전세찝]이 그런 사례다.

　② 뒷말의 첫소리 'ㄴ, ㅁ' 앞에서 'ㄴ' 소리가 덧나는 경우다. 잇몸[인몸], 제삿날[제산날]을 예로 들 수 있다.

　③ 뒷말의 첫 소리 모음 앞에서 'ㄴㄴ'이 덧나는 경우다. 깻잎[깬닙], 베갯잇[베갠닌], 예삿일[예:산닐], 홋일[훈:닐] 같은 단어들이다.

'한자어와 한자어'로 이루어진 합성어는 사이시옷을 붙이지 않지만 두 음절로 된 한자어 6개, 즉 곳간(庫間), 셋방(貰房), 숫자(數字), 찻간(車間), 툇간(退間), 횟수(回數)는 예외이므로 기억해 두어야 한다.

7) 미소 띄운(?) 얼굴

- 미소 띄운 얼굴로 손님을 맞자.
- 미손 띤 얼굴로 손님을 맞자.
- 미소 띤 얼굴로 손님을 맞자.

'띄운' '띤' '띤' 셋 가운데 어느 것이 맞는 표현일까. '띠다' '띄우다' '띠다'는 늘 헷갈리는 표현이다. 우선 이 경우에는 '미소 띤 얼굴'이라고 적는 게 맞다.

(1) '띠다'는 '감정이나 기운 따위를 나타내다'란 의미를 가지고 있다

'결기 띤 토론'이나 '노기 띤 음성'처럼 쓸 수 있다. 또한 '어떤 빛깔이나 색채 따위를 가지고 있다'는 뜻도 있어 '초봄에 버드나무 가지는 연두색을 띤다.'처럼 사용된다.

(2) '띄우다'는 '뜨다'의 사동사로 '뜨게 하다'란 의미를 가지고 있다

① 연을 띄웠다.
② 배를 띄웠다.
③ 메주를 띄워 된장을 만든다.

(3) '뜨다'에는 '시간·공간적으로 사이가 멀다'는 의미가 있다

① 글자 사이를 띄워 써라.
② 사과나무는 간격을 띄워 심어야 한다.

(4) '띄다'는 '뜨이다'의 준말. '시간·공간적으로 사이가 멀다'는 의미로 쓰이는 '띄우다'의 준말이다

    ① 단어는 띄어서 쓰는 게 원칙이다.
    ② 책의 내용은 좋으나 오자가 가끔씩 눈에 띈다.
    ③ 그의 표정이 눈에 띄게 밝아졌다.

8) 왠지, 웬 일

봄만 되면 "웬지 가슴이 두근거려요"라고 흔히 쓰는 '웬지'는 틀린 표현이다. '왠지'가 맞다. '왠'과 '웬'의 발음이 거의 같기 때문에 혼동하기 쉽다. 우리말에 '웬지'나 '왠일'은 없다. '왠지'는 '왜 그런지 모르게, 무슨 까닭인지'를 뜻하며 '왜 인지'가 줄어든 말이다.

    ① 왠지 가슴이 두근거린다. 처럼 쓰인다.

    ② '웬'은 '어찌 된, 어떠한'의 뜻을 가진 관형사다. 관형사는 조사도 붙지 않고 어미 활동도 하지 않는다.

    ③ '웬 말이 그렇게 많아?', '이게 웬 떡이냐?'처럼 쓰이는데 이 경우 '웬'을 '왠'으로 적는 것은 잘못이다. 쉽게 구분하려면 '어찌 된, 어떤'으로 바꿀 수 있으면 '웬'을, '무슨 까닭인지'로 바꿀 수 있으면 '왠지'를 쓰면 된다.

7. 외래어 제대로 사용하기

일상생활에서 불필요하게 외래어를 쓰는 경우가 적지 않다. 우리가 쓰는 외래어 가운데는 실제 현지에서 사용하지 않는 말도 적지 않다. 우리가 자주 사용하는 '커닝'이나 '모닝콜'이란 말이 영어에서도 그대로 쓰이는 것으로 생각하기 쉽지

만 사실 외국에서는 쓰이지 않는 우리식 영어, 즉 콩글리시다. 외국인이 이런 말을 들으면 무슨 말인지 의아하게 생각하니 웃기는 일이 아닐 수 없다.

　외래어는 우리말로는 도저히 표현할 수 없는 경우에만 사용해야 한다. '인터넷' '이메일' 등처럼 새로운 개념이거나 처음 나온 용어여서 우리말로는 대체하기 쉽지 않은 경우에만 써야 한다. '대리주차(발레파킹)'등과 같이 우리말로도 충분히 표현할 수 있는 말이 있는데 굳이 외래어를 쓸 필요가 없다.

1) '파이팅'을 조심하자

　축구 등 다른 나라와 벌이는 스포츠 경기를 TV를 통해 지켜 보다 보면 눈에 띄는 응원 문구가 있다. 'Korea Fighting'이다. 대개 우리 응원단 쪽에 붉은 글씨로 'Korea Fighting'이라고 쓴 커다란 현수막이 걸려 있다. 하지만 이는 어울리지 않는 표현이다. 'Fighting'은 대표적인 콩글리시로 영어에서는 싸움을 뜻하는 말이다. 선수를 응원하는 용어로는 부적절하다.

　'Korea Fighting' 또는 'Korea Team Fighting'은 2002년 한·일 월드컵에서도 우리 팀을 응원하는 말로 쓰인 적이 있지만 외국인들이 보기엔 의아한 말이다. 'Fight'의 뜻을 사전에서 찾아보면 '(적과) 싸우다' '(서로 치고 받으며) 싸우다' '(시합 등에서) 다투다'로 정의하고 있다. 지나치게 전투적이고 호전적인 냄새가 난다. 물론 우리끼리야 알아들을 수 있고, 이미 오래도록 써 온 용어라 크게 흠 잡을 일이 아니라고 할지 모르지만 외국에 나가 하는 응원에는 신중하게 생각해 봐야 한다. 영어로는 'Go Korea'가 적당하다고 한다. 국립국어원은 '파이팅'을 '아자'로 순화해 쓸 것을 권하고 있다.

2) 바캉스 · 다이어트

　프랑스어로 휴가를 '바캉스'라 한다. 프랑스인들이 워낙 극성스럽게 피서를 즐기기 때문인지 어느새 우리도 여름휴가를 '바캉스'라 많이 부르고 있다. 여름철이 되면 신문·잡지에는 '바캉스 특집'이라고 해서 휴가 관련 기사나 광고들이 쏟아진다. '바캉스(Vacance)'란 말은 영어로 치면 '베이케이션(Vacation)'에 해당한다. 우리는 대부분의 여름휴가 대신 이 말을 쓰고 있지만, 사실 이 단어는 4계절 어느 때나 떠나고 즐기는 단순한 휴가를 뜻하므로 딱히 여름에만 사용해야 할 이유는 없다. 따라서 '바캉스'란 말보다 여름휴가·피서(避暑) 또는 해수욕 등 적당히 우리말로 바꿔 쓰는 게 좋다.

살을 빼거나 몸매를 가꾼다고 해서 다 '다이어트'는 아니다. '다이어트(Diet)'는 원래 체중을 줄이거나 건강 증진을 위해 제한된 식사를 하는 것을 말한다. 즉 식이요법(음식 조절)에 의한 체중 조절이나 건강 증진만이 다이어트다. 운동기구·미용용품 등을 이용해 다이어트를 한다면 이들을 먹는다는 얘기가 된다. 물론 뜻을 몰라 그러는 게 아니라 편의상 그렇게 부른다는 점을 잘 안다. 하지만 이 역시 외래어 오·남용에 속한다.

3) '커닝'은 콩글리시

늘 문제로 불거지는 것이 시험에서의 부정행위다. 이런 부정행위를 보통 '커닝'이라 부른다. 대학가에서도 '안티커닝 운동', 즉 부정행위 근절 운동이 대대적으로 벌어지기도 했다. 한때는 대학 입학시험인 수능에서도 부정행위가 발생해 '수능 커닝 사건'으로 이름이 붙여지기도 했다. 그러나 '커닝(Cunning)'은 우리만이 알아듣는 영어로, 소위 '콩글리시(Konglish, 한국식의 잘못된 영어 표현)'의 대표적인 경우다. '커닝'은 '교활, 간사, 교묘'를 뜻하는 영어 단어지만 시험에서 부정행위의 뜻으로는 쓰이지 않는다. 영어로는 '치팅(Cheating)'이 맞는 말이다.

콩글리시 '커닝'에 이제 반대를 뜻하는 영어 '안티(Anti-)'가 첨가돼 '안티커닝(Anti-Cunning)'이란 말까지 생겼다. 영어에서는 더욱 보도 들도 못하는 단어가 됐다. 영어에서야 어떻든 우리식으로 의미가 통하면 된다고 생각하면 그만이지만 바람직한 현상은 아니다.

맞지도 않은 영어를 쓰느니 우리말로 바꿔 쓰는 게 낫다. '커닝'은 부정행위, '안티커닝'은 부정행위 근절(반 부정행위)로 쓰면 된다.

4) '모닝콜'로는 사람을 깨울 수 없다

호텔 등에서 정해진 시간에 투숙객을 깨워 주는 전화 서비스를 모닝콜(Morning Call)이라 부른다. 최근엔 원하는 시간에 집으로 전화를 해주는 모닝콜 아르바이트도 생겼다고 한다.

그러나 모닝콜은 영어엔 없는 말이다. 일본에서 사용하는 일본식 영어가 우리나라에도 들어와 그대로 쓰이고 있는 것이다. 영어로 정확하게는 웨이크업콜(Wake-Up Call)이다. 영어권 국가의 숙박업소에서 아침에 깨워 달라고 데스크에 부탁하려면 '모닝콜'이 아니라 '웨이크업콜'이라 해야 한다.

이미 자리 잡은 말이라 이제 와서 '웨이크업콜'이라 부르기는 쉽지 않다. 국립국어원은 '모닝콜'을 '기상 전화' 또는 '깨우기 전화'로 바꿔 부를 것을 권하고 있다.

영어로 정확하게 사용한다는 측면에서는 가급적 '웨이크업콜'로 부르는 것이 좋겠고, 외래어를 가능하면 줄여 쓴다는 측면에서는 '기상 전화'등 우리말로 표현하는 것이 바람직하다.

5) 미국에는 '솔로'가 없다

미국에는 '솔로'가 없다. '솔로'는 한국에서만 사용하는 영어, 즉 콩글리시다. 원래 영어에서 '솔로(Solo)'는 독창(獨唱)이나 독주(獨奏)를 의미하는 말이다. 단독 공연을 '솔로 퍼포먼스(A Solo Performance)', 단독 앨범을 '솔로 앨범(A Solo Album)', 트럼펫 독주를 '트럼펫 솔로(A Trumpet Solo)'라고 한다. 홀로 비행기를 조종하는 경우에도 쓰인다. 단독비행을 '솔로 플라이트(A Solo Flight)'라고 한다. '모태솔로'처럼 한 번도 이성 교제를 해보지 않았거나 이성 친구를 사귀다 헤어진 사람, 또는 결혼을 했다 이혼했거나 아직 결혼하지 않은 사람을 가리키는 말이라면 '솔로'가 아니라 '싱글(Single)'이라고 해야 한다. '솔로천국'은 '싱글천국', '모태솔로'는 '모태싱글'이 맞는 말이다. '돌아온 솔로'나 '돌솔'도 '돌아온 싱글'이나 '돌싱'이라고 해야 한다. 물론 이들이 억지 합성어로 정상적인 표현은 아니지만 어쨌든 미혼이나 독신을 뜻하는 말은 '솔로'가 아니라 '싱글'이 맞는 말이다.

6) '워킹맘'은 '직장인엄마'

흔히 접하는 외래어인 '워킹맘'을 대체할 우리말로 국립국어원은 최근 '직장인엄마'를 선정했다고 밝혔다. 누리꾼(네티즌)이 제안한 말 가운데 '두루엄마' '벌이엄마' '일터엄마' '직장인엄마' '취업주부' 다섯을 후보로 해 투표를 벌인 결과 '직장인 엄마'가 전체 2098명 중 49%의 지지를 얻어 대체어로 결정됐다고 한다.

'워킹맘(Working Mom)'을 그대로 번역하면 '일하는 엄마'로 형용사가 명사를 수식하는 형태다. 이에 비해 '직장인엄마'는 명사를 나열한 구조다. 그러다 보니 처음에는 둘 사이에 다소 괴리감을 느낄 수도 있다. 그러나 용어는 일반적으로 명사 형태를 띠는 것이 자연스럽다.

'직장인엄마'가 다수 길다는 단점이 있긴 하지만 부르다 보면 익숙해진다. 범람하는 외래어를 하나라도 줄여 쓴다는 측면에서 가능하면 '직장인엄마'라는 말을 사용하는 것이 좋겠다.

7) '발레파킹'은 '대리주차'

'발레'에 주차를 뜻하는 '파킹'이 붙은 '발레파킹'이라는 용어가 요즘 많이 쓰이고 있다. 호텔이나 백화점 등에서 주로 사용하는 말이다. '발레파킹'이 대충 '대리주차'를 뜻한다는 것을 알고 있어도 여기서 '발레'의 정확한 의미를 모르는 사람은 무용을 뜻하는 '발레'와 주차를 연관 짓기 십상이다. 그러나 '발레파킹'에서 '발레'는 무용을 뜻하는 '발레'와는 전혀 다른 의미의 단어다. 이때의 '발레'는 철자가 'Valet'으로 발음한다. 시종, (호텔 등의)보이, (레스토랑·호텔 등의)주차 담당자를 뜻하는 말이다. 주차를 의미하는 '파킹(Parking)'과 결합한 'Valet Parking'

은 글자 그대로 '대리주차'를 뜻하는 말이다. 'Valet'의 프랑스어 발음을 따라 '발레파킹'으로 부르는 것으로 보인다.

'발레파킹'이란 말이 무언가 품위 있게 느껴진다고 생각할지 모르겠지만 그저 '대리주차'를 뜻하는 말이 뿐이다. 요즘은 백화점·호텔뿐 아니라 일부 대형 병원이나 식당에서도 '발레파킹'을 해준다고 홍보하고 있다. 하지만 '대리주차'라는 쉬운 우리말을 두고 굳이 외래어인 '발레파킹'을 쓸 필요가 없다. 외래어는 우리말로는 도저히 표현하기 어려운 경우에만 써야 한다. 이런 식으로 외래어가 우리말을 대치하다 보면 우리말은 점점 설 자리를 잃는다.

8) '더치페이'는 '각자내기'

서구에서는 각자 자기 몫을 내는 문화가 일찍이 자리 잡았다. 소위 '더치페이(Dutch Pay)' 방식이다.

'더치페이'는 네덜란드 사람들의 대접 문화인 '더치 트리트(Dutch Treat)'에서 온 말이다. 영국인이 '더치페이'로 바꿔 부르면서 '각자 부담'을 뜻하는 말로 널리 퍼졌다고 한다.

국립국어원은 최근 외래어인 '더치페이'를 대신할 우리말로 '각자내기'를 선정했다고 밝혔다. 누리꾼이 제안한 '나눠내기' '각자내기'를 선정했다고 밝혔다. 누리꾼이 제안한 '나눠내기' '각자내기' '각자부담' '추렴' '노느매기'를 후보로 투표한 결과 '각자내기'가 52%(1776명 가운데 940명)의 지지를 얻어 '더치페이'를 갈음할 우리말로 결정됐다고 한다.

국어원은 '더치페이' 대신 우리말인 '각자내기'가 자리 잡을 수 있도록 널리 사용해 줄 것을 당부했다.

8. 혼동하기 쉬운 한자어

우리말의 약 70%가 한자어라고 한다. 순우리말과 함께 한자어도 우리말의 중요한 부분이다. 풍부한 어휘력을 구사하기 위해서는 어느 정도 한자 공부가 필요하다. 한자어에 대한 이해가 부족하다 보니 비슷하게 생긴 한자어 단어의 뜻을 제대로 알지 못하고 혼동해 사용하는 경우가 적지 않다.

'부문'과 '부분', '조종'과 '조정' 등이 그런 예다. 모양과 뜻이 비슷한 이들 한자어의 개념을 정확히 모르고 사용하는 경우가 흔하다. 비슷한 단어의 차이를 파악하고 가장 알맞은 것을 선택해야 정확한 표현이 가능하고 글의 정교함을 더할 수 있다. 문맥에 맞지 않거나 부정확한 단어를 사용하면 글에 대한 전반적인 신뢰도가 떨어진다.

정확한 단어를 사용하기 위해서는 풍부한 어휘력이 밑받침 돼야 하지만 궁금할 때마다 사전을 찾아보는 습관을 들이면 도움이 된다. 요즘은 인터넷에서 편리하게 사전을 활용할 수 있으므로 글을 쓸 때는 사전을 띄워놓고 궁금할 때마다 찾아보면 좋다. 자주 사용하면서도 혼동하기 쉬운 한자어 단어를 들면 다음과 같다.

1) 각종 시상식에서 사회자들이 혼동하는 '부문'과 '부분'

아카데미상 시상식은 미국 영화계의 가장 큰 연중행사로 매년 봄에 열리며 세계적 관심과 흥미의 대상이 되고 있다. 수상자들에겐 '오스카'라는 애친의 인간입상(人間立像)이 주어지기 때문에 '오스카상'이라 부르기도 한다. 아카데미상처럼 시상식을 중계하면서 사회자가 각 '부문' 수상자를 소개하며 '부분'이라고 혼동해 쓰는 경우가 많다.

'부문'은 일정한 기준에 따라 나누어 놓은 갈래를 뜻한다. 중공업 부문, 사회과학 부문, 자연과학 부문, 등과 같이 정해진 기준에 의해 분류해 놓은 것이다.

'부분'은 전체를 이루는 작음 범위다. 앞부분, 세 부분, 썩은 부분 등과 같이 전체를 몇 개로 나눈 것의 하나다. 따라서 문화·예술·학술 등에서의 각 분야는 일정한 기준에 의해 분류해 놓은 것이기 때문에 '부문'이라고 해야 한다.

　우리나라에서도 연말이면 가요·연기 등 시상식이 많다. 진행자들은 '부문'을 '부분'이라 하지 않도록 주의해야 한다.

2) '충돌'인가 '추돌'인가

① '추돌'과 '충돌'은 둘 다 무엇과 무엇이 부딪히는 것을 뜻하지만 그 방향성에 차이가 있다는 걸 알면 이해하기 쉽다.

> **★ 중요한 또 한 가지!**
>
> '추돌'은 주로 교통수단과 관련해서만 사용한다. 자동차나 기차 따위가 뒤에서 들이받는 것을 가리키는 말은 '추돌(追突)'이다. 대개 같은 방향으로 진행 중인 앞차를 뒤에서 받았을 경우에 사용한다.

② 질주하던 택시가 급정차하면서 뒤따르던 버스 두 대가 잇따라 들이받는 사고가 났다.

③ 승용차가 눈길에 미끄러지면서 앞서 가던 차량을 뒤에서 들이받아 운전자가 크게 다쳤다.와 같은 경우 모두 '추돌' 사고로 볼 수 있다.

> **★ 중요한 또 한 가지!**
>
> '충돌(衝突)'은 서로 맞부딪치는 것을 의미한다. 다른 방향으로 진행 중인 두 물체가 부딪칠 때 또는 "의견충돌"이나 "무력 충돌"처럼 생각이나 입장, 힘이 맞섬을 나타낼 때에도 쓴다.

⑤ 빙판길에 미끄러진 승용차가 중앙선을 넘으면서 마주 오던 트럭과 충돌했다.

⑥ 갓길에서 역주행하던 오토바이가 빗길에 미끄러진 화물차와 정면으로 충돌하는 사고가 발생했다.

3) 안주 일절

음식점에 '안주 일절'이라고 써 붙여 놓았다. 아마도 손님이 찾을만한 안주는 다 있다는 뜻일 것이다. 하지만 '안주 일절'은 '안주 전혀 없음'에 가까운 뜻이다.

'일절(一切)'은 '아주' '전혀' '절대로'의 뜻으로, '없다' '않다' 등 부정적인 단어하고 어울린다. 따라서 '안주 일절(전혀) 없음'은 될 수 있어도, '안주 일절 있음'은 될 수 없다. '일절'은 물론 '일절 출입을 금합니다.'에서처럼 행위를 금지할 때도 쓰인다. '안주 일절'은 '안주 일체'라고 해야 맞다.

① '모든 것' 또는 '모두 다'를 뜻하는 단어는 '일체(一切)'다.
  • 내가 일체의 책임을 지고 물러나겠다.
  • 한잔 마시고 지나간 일은 일체 털어버리자.

4) 배후 '조종'과 구조 '조정'

'시세 조종' '배우 조종' '가격 조정' '공공요금 조정' 등처럼 '조종'과 '조정'이란 말이 많이 쓰이지만 늘 헷갈린다. 두 낱말은 어떻게 다를까?

① 조종(操縱)은 비행기·자동차 등 기계를 부리거나, 사람·돈 등을 자기 마음대로 다루어 움직일 때 쓰인다. 배후 조종·시세 조종은 사람 또는 돈·가격을 결과적으로 자기 뜻대로 움직이는 경우다.

② 조정(調整)은 알맞게 정돈할 때 쓰인다.
  선거구 조정, 버스 노선 조정, 공공요금 조정, 구조 조정 등 불합리하거나 비현실적인 부분을 바로잡는 의미가 있다. 따라서 기계를 다룰 때 쓰이는 조종을 제외하고 구별한다면 조종은 자기 의도대로 어떤 것을 쥐락펴락할 때 쓰이고, 조정은 개선하거나 조절할 때 쓰인다고 보면 된다.

5) '결제'와 '결재'

① '결제(決濟)'는 대금을 주고받아 매매 당사자 사이의 거래 관계를 끝맺는 일을 이른다. '카드 결제' '어음 결제' '자금 결제' 등과 같이 돈과 관련된 것
  - 밀린 카드 대금을 결제했다.
  - 스마트폰을 통해 지갑 없는 모바일 결제 시대가 열렸다.

② '결재(決裁)'는 안건을 허가한다는 의미다. '서류 결재' '문서 결재' '보고서 결재' 등처럼 서류와 관련된 것은 '결재'라 생각하면 쉽다
  - 결재를 올렸다.
  - 결재가 났다.
  - 결재를 받았다.

6) 신도시 '계발'인가, '개발'인가

직장인들을 중심으로 개인의 능력을 끌어올리기 위한 공부 열풍이 불고 있다. 외국어 학원과 서점에 북적대는 '샐러던트('샐러리맨'과 '스튜던트'의 합성어)'들은 이러한 사회 풍조를 그대로 반영하고 있다. 학벌과 연공서열보다는 실력 위주로 평가받는 사회에서 살아남기 위해 자기 계발을 게을리 할 수 없는 시대가 된 것이다.

① 계발(啓發)은 '슬기나 재능, 사상 따위를 일깨워 줌'이라는 의미 로 사용 '상상력 계발'이나 '외국어 능력 계발' '능력 등을 일깨워 주는 일'에는 '계발'을 써야 한다.

② 개발(開發)은 재능이나 능력뿐 아니라 기술 · 경제 · 제품 · 토지 · 인력 등 물질적인 것과 조화를 이룬다.
'제품 계발' '토지 계발' '신도시 계발' '능력 등을 발달하게 하는 일'에는 모두 '개발'

9. 일상생활에서 자주 사용하는 고사성어

사자성어(四字成語)란 네 글자의 한자로 이루어진 말을 가리킨다. 사자성어 가운데는 고사성어(故事成語)가 많은데 주로 중국의 고사에서 유래했다. 고사성어의 사전적 의미는 옛날에 있었던 일이나 예로부터 내려오는 유서 깊은 일이 성어로 내려옴을 말한다. 비유적인 내용을 담은 함축된 글자로 상황, 감정, 사람의 심리 등을 묘사하는 말로 쓰인다. 대부분 네 글자로 된 것이 많기 때문에 사자성어라 일컫기도 하는 것이다.

- 感慨無量(감개무량)

아무것도 말하지 못할 정도로 가슴 가득 저미는 느낌. 무량(無量)은 어느 정도 깊은지 말로써는 다할 수 없다는 뜻이다.

- 街談巷說(가담항설)

거리의 소문을 재미있게 얘기하는 것. 거리의 골목 등에서 들은 얘기는, 얼핏 듣게 된 쓸잘 데 없는 내용의 것이 많다. 그것을 흡사 자기가 직접 보았던 것처럼 타인에게 말하는 것의 비유하는 것이다.

- 誇大妄想(과대망상)

실제보다도 크게 공상해서, 그것을 사실과 같이 생각해 버리는 것. 도저히 불가능한 것이나, 상식적으로는 생각할 수 없는 것을 생각하거나 상상하거나 하는 것. 또한 그러한 사람을 '과대망상광(誇大妄想狂)'이라고 표현하기도 한다.

- 輕擧妄動(경거망동)

가볍게 움직이고 함부로 행동하는 것. 일의 잘잘못도 깊이 생각하지 않고 우왕좌왕하는 것의 비유. '경거망동을 삼가고, 일치단결해서 난국을 극복하자' 라는 등으로 사용된다.

- 權謀術數(권모술수)

  권모(權謀)는 임기응변의 묘책. 교묘하게 사람을 속이고 계략을 꾸미는 것의 비유. 권모술책(權謀術策)이라고도 한다. '권모술수의 화신(化身)' 등으로 사용된다.

- 窮餘之策(궁여지책)

  너무 곤란하고 당혹한 나머지 막판에 문득 떠오르는 하나의 수단이나 계략. 궁여(窮餘)의 일책(一策)이라고도 한다.

- 錦上添花(금상첨화)

  '비단 위에 꽃을 더한다.'는 뜻. 아름다운 비단 위에다 또 아름다운 꽃을 더하여 완벽한 아름다움을 장식하는 것이다. 예를 들면, 호화로운 파티에 빼어난 미녀가 나타나서 한층 화려하고 우아한 분위기를 자아내는 것이다.

- 勸善懲惡(권선징악)

  선행을 복 돋아 권유하고, 나쁜 일은 징계한다는 뜻. 바르고 공정한 세상을 만들기 위해서는 꼭 이것을 실천해야만 한다. 그러나 당연한 것이 좀처럼 이루어지지 않는 것이 현실이기도 하다.

- 錦衣還鄕(금의환향)

  비단옷을 입고 고향으로 돌아온다는 말로 입신출세해서 태어난 고향으로 돌아가는 것이다.

- 金枝玉葉(금지옥엽)

  지(枝)와 엽(葉)은 자손의 뜻. 왕가의 자손, 고귀한 신분, 귀족을 가리키는 말이다. 이에 대해 일반대중의 계통은 병지잡엽(並枝雜葉)이라 불리운다.

- 起死回生(기사회생)

  죽게 된 사람을 소생하게 하는 것. '기사회생의 비책(秘策)' 등으로 사용한다.

예를 들면 도산한 회사, 가망 없는 회사 등을 재건하고 소생시키는 것 등이다.

• 起承轉結(기승전결)

　문장의 훌륭한 서식·완성된 형태의 전통적인 수법. 한시(漢詩)의 구성방식으로부터 온 구(句)의 명칭. 기(起)는 제 일구로 기초(起草), 승(承)으로 2구를 받고, 3구로 전이되어 다른 장면으로 변하고, 4구의 결(結)로 시를 매듭짓는다. 이는 또한 일체 사물의 순서, 흐름이 질서 바르고 순조롭게 정리된 것을 표현할 때도 쓰인다.

• 多事多難(다사다난)

　바쁜 가운데에 여러 가지 일이 많이 생겨 곤란한 모양. 多事多患(다사다환)이라고도 한다.

• 單刀直入(단도직입)

　서론이나 인사를 생략하고 곧바로 본론으로 들어가 핵심을 찌르는 것이다.

• 大器晚成(대기만성)

　큰 인물로서 대성하는 사람을 보면 젊었을 때는 알 수 없지만, 마지막에 가서 성공을 걸머쥐는 경우가 종종 있다. 현재에 불우한 여건에 빠져있는 사람을 고무하고 격려할 때 곧잘 사용하는 말이다.

• 大同團結(대동단결)

　많은 정당이나 복수단체 등이 주의, 주장의 자잘한 차이를 극복하고 단결하는 것. 작은 차이를 버리고 대동(大同)으로 단결하는 것이다.

• 大義名分(대의명분)

　사람으로서 지켜야 할 절의와 분수의 뜻. 또한 건성으로 표면상 내거는 목적이나 이유. 대의(大義)는 사람이 지켜야 할 의리의 뜻. (名分)은 도덕상으로 반드시 지켜야 할 분수를 말한다. 최근에는 대수롭지 않은 일에도 '대의명분이 서지 않는다.' 등으로 말하고 허세를 부리는 경우가 많다.

• 大同小異(대동소이)

차이점은 있지만 거의 같다는 뜻이다. 논란이 길어질 경우에 '소이(小異)를 버리고 대동(大同)으로 결말짓자'라고 말함으로써 마무리를 짓는 경우도 많다.

• 同病相憐(동병상련)

같은 입장에 있는 사람들이, 서로 동정하고 서로 돕고, 서로 위로한다는 비유이다.

• 東奔西走(동분서주)

동쪽으로 달리기도 하고 서쪽으로 달리기도 하고 이쪽저쪽으로 마구 휘저어 달리는 것이다.

• 滿身瘡痍(만신창이)

몸 전체가 상처투성이라는 뜻. 타인으로부터 집중적으로 비난을 받는 것. 매스컴의 강력한 집중공격을 받으면 누구라도 상처투성이가 되어 항복해버린다.

• 馬耳東風(마이동풍)

사람의 의견이나 주의를 오른쪽으로 듣고 왼쪽으로 흘려버리는 것. 동풍(東風)은 춘풍(春風). 사람들을 기쁘게 하지만 말에게 있어서는 풍향(風向) 따위는 아무런 관계가 없다.

• 明明白白(명명 백백)

확실해서 의심할 여지가 없는 것. 명백(明白)을 겹쳐서 강조했다. 기기괴괴(奇奇怪怪)가 기괴(奇怪)를 강조한 것과 같은 표현 방식이다.

- 茫然自失(망연자실)

넋이 빠져서 멍해진 모습. 맥이 빠져서 멍하니 자기를 잊어버리고 있는 모양. 망(茫)은 속이 텅 비어서 멍해진 모습을 말한다.

- 同床異夢(동상이몽)

두 사람이 같은 잠자리에서 각기 다른 꿈을 꾼다는 뜻이다. 매사의 모든 일을 같이하면서, 저마다 생각은 다르다는 의미. 사이가 좋은 부부라도, 중년이 되면 이러한 예는 많다.

- 無念無想(무념무상)

무아의 경지에 들어가서 아무것도 생각하지 않는 것. 또한 그 심경을 말한다.

- 無味乾燥(무미건조)

맛이 없고 재미가 없는 것의 비유. 맛도 멋도 없다. 커피, 차 따위를 재탕, 삼탕하여 맛·향기가 없어진 느낌이다.

- 百發百中(백발백중)

백발 쏘아서 백발 모두 명중하는 것. 계획이나 한 말이 모두 맞는 것이다.

- 百戰百勝(백전백승)

연전연승하는 것보다도 싸우지 않고 물리칠 수 있는 것이 최상의 방책이라는 '손자병법(孫子兵法)'의 내용. 현재에는 실패하지도 않고 패배하지도 않고 언제나 승리하는 '상승(常勝)'의 비유로써 사용한다.

- 粉骨碎身(분골쇄신)

엄청난 괴로움을 이겨내며 일하는 것. 뼈가 부러지고 몸이 가루가 되도록 일한다. 불은(佛恩)에는 몸이 가루가 되도록 보답을 해야 한다. 라는 것이 있는데, 거기에서 나온 말이다.

- 四面楚歌(사면초가)

  주위가 모두 적으로 에워싸인 상황. 주변으로부터 비난을 받아 고립무원(孤立無援)이 된 경우의 비유이다.

- 心機一轉(심기일전)

  어떤 것을 계기로 해서 기분을 일신하고 마음을 새롭게 고쳐먹는 것. 심기일전(心氣一戰)이 아님을 주의해야 한다.

- 速戰速決(속전속결)

  장기전을 피하고 재빨리 승패를 결정짓는 것. 장기전의 반대. 속단즉결(速斷卽決)은 재빨리 결정해서 즉시 결재하는 것이다.

- 時機尙早(시기상조)

  어떤 일을 하기에는 아직 시기가 이르다는 뜻. 기회를 잘 잡는 것도 중요하지만 너무 지나치게 빠르면 싹도 자라지 못한다.

- 是是非非(시시비비)

  올바른 도리에 따라 옳고 그름을 판별하고 잘잘못을 따진다는 뜻이다.

- 事實無根(사실무근)

  뿌리도 잎도 없는 것. 완전히 사실에 근거가 없는 것의 비유이다.

- 惡戰苦鬪(악전고투)

  강적을 만나 힘든 싸움을 벌이거나 곤란과 역경을 힘겹게 헤쳐 나가는 모습. 스포츠의 세계뿐만이 아니라 인생 자체가 그런 것이다.

- 弱肉强食(약육강식)

  강한 사람이 이기고 약한 사람은 그 희생이 된다는 뜻. 우승열패(優勝劣敗)의 의미이다.

- 漁父之利(어부지리)

  당사자들이 이해관계로 다투고 있을 때 제3자가 가로챈다는 뜻. 대합이 입을 벌리고 있으면 도요새가 와서 쪼아 먹고 대합은 입을 다물고 그 주둥이를 깨문다. 쌍방 모두 앙버팀으로 다투고 있을 때 어부가 와서 둘을 모두 생포해서 잡아가 버린다는 얘기이다.

- 言語道斷(언어도단)

  어처구니없는 일, 당치도 않은 일. 원래의 의미는 말로는 표현할 수 없는 깊은 진리나 도리를 말한다. 도(道)는 설명하는 것이다.

- 餘裕綽綽(여유 작작)

  느긋해서 초초하거나 안달이 없는 사람. 돈과 시간의 여유가 있으면, 이러한 심경이 되리라. 작(綽)은 여유 있는 사람이라는 뜻. 또한 삶을 관조한다는 의미도 있다.

- 五里霧中(오리무중)

  방향을 알 수 없고 어떻게 해야 좋을지 난처하다. 일의 실마리가 잡히지 않는 상태. 후한(後漢)시대에 장계라는 도사가 있었다. 도교비술(道敎秘術)의 천재로 5리 사방에 걸쳐서 오리무(五里霧)라는 굉장한 안개를 일으킬 수가 있었다. 그 안개 가운데에 들어가면 방향도 알 수 없고 움직일 수도 없게 된데서 온 말이다.

- 龍頭蛇尾(용두사미)

  처음에는 훌륭하지만, 나중에는 엉망이 되어 버리는 것에의 비유. 머리는 유난히 크고, 꼬리는 오그라든 모양새. 이렇게 도중에서 좌절하는 것을 다른 말로 중도반단(中道半端)이라고 한다.

• 用意周到(용의주도)

확실하게 갖추어져 있어 조금도 결점이 없는 상태. 신중하고 조심성이 많은 것이다.

• 雨後竹筍(우후죽순)

한 차례 비가 내린 후에 많은 죽순이 생겨나는 것과 같이 사물이 늘어나는 것이 빠르고 기세가 높은 것에의 비유이다.

• 流言蜚語(유언비어)

근거도 없는 소문. 비(蜚)는 비(飛)와 같으므로 비어(飛語)라고 표기해도 좋다. 비(蜚)는 바퀴벌레라는 뜻. 또한 난다(飛)의 뜻도 있다.

• 有名無實(유명무실)

이름은 있어도 알맹이는 없다는 뜻. 권위만 있고 실력이나 권력을 수반하지는 않은 것도 말한다.

• 以心傳心(이심전심)

불법(佛法)의 심오함은 심원하여 단순한 문자나 언어로는 표현할 수 없는 점이 있다. 그것은 마음에서 마음으로 전해지는 것. 또한 말을 사용하지 않아도 서로 간의 의사가 통하는 것을 말한다. 선종(禪宗)의 상용어이다.

• 意氣揚揚(의기양양)

양양(揚揚)은 득의 만만한 모습. 좋아하는 팀이 승리한 후 귀가 길의 팬들의 태도가 바로 이것. 뜻대로 되어 기쁘고 으쓱거리는 기상이 펄펄함. 의기양양(意氣揚揚)이라고 쓰기도 한다.

• 意味深長(의미심장)

사람의 언동이나 문장, 또한 어떤 상황 등의 의미가 미묘하고 심오한 것. 연인들 간에 주고받는 눈짓은 바로 의미심장의 한 예다. 심중(深重), 신중(愼重), 신장

(愼 長)으로 써서는 안 된다.

- 危機一髮(위기일발)
머리카락 한 가닥 정도의 약간의 차이로, 위험에 처하게 된 순간이나 상황이다.

- 因果應報(인과응보)
많이 쓰이는 사자숙어(四字熟語). 인과(因果)는 원인과 결과. 선인(善因)에서는 선과(善果)가, 악인(惡因)에서는 나쁜 결실이 각기 그에 부응해서 나타난다. 라는 뜻이다.

- 人權蹂躪(인권유린)
인간이 본래 가지고 있는 기본적인 권리를 침해하고 짓밟는 것. 유린(蹂躪)은 짓밟아서 파손하는 것이다.

- 人事不省(인사불성)
자기 자신을 돌아볼 수 없는 상태. 정신이 아물거리다 의식을 잃는 실신한 상태. 원인은 공포뿐만 아니고 사람에 따라서 다르다. 너무 기쁜 나머지 정신을 잃는 여인도 있다.

- 人山人海(인산인해)
인파로 가득 찬 모습. 서울은 낮도 밤도 이러한 모습인 곳이 많다.

- 一擧兩得(일거양득)
한 가지 일을 함으로써 두 가지 이익을 얻는다는 뜻이다.

- 一網打盡(일망타진)
악당 따위를 한꺼번에 몽땅 체포하는 것. 타진(打盡)은 완전히 잡는다는 뜻. 그물을 한 번 던져서 고기를 남김없이 다 잡는다는 뜻이다.

- 一目瞭然(일목요연)

  한 눈에 모든 것을 알 수 있는 것. 요(瞭)는 눈동자가 환하고 맑은 것. 또한 일체의 사물이 깨끗하고 밝은 모습이다.

- 一瀉千里(일사천리)

  사(瀉)는 흐른다, 흘러 들어간다는 뜻. 어떤 일이 한꺼번에 빠르게 진척된다. 문장이나 웅변에 막힘이 없는 것의 비유. 급류는 앗! 하는 사이에 천리를 흘러가 버린다는 의미이다.

- 一心同體(일심동체)

  다른 것이 마치 하나의 마음, 같은 몸이 아닌가 생각될 정도로 강하게 결합을 하는 것. 부부(夫婦)는 일심동체(一心同體)등으로 사용된다.

- 一長一短(일장일단)

  장점도 있는가 하면 단점도 있다는 뜻. 이 경우의 '일(一)'은 '혹은'이라는 뜻으로 '길거나 혹은 짧거나'의 의미가 된다.

- 一場春夢(일장춘몽)

  인생의 영화는 덧없이 사라져 버린다는 것을 비유. 그 삶이 끝남으로서 족형(足衡)조차 없는 인생의 무상함을 말한다. 짧은 봄날 밤의 한 때의 덧없는 꿈은 금방 사라져버리고 만다라는 의미이다.

- 一觸卽發(일촉즉발)

  결전 전야에 느끼는 분위기. 서로 노려보는 대립 세력이 조금만 부딪쳐도 폭발할 듯대단히 절박한 상황을 말한다.

- 一攫千金(일확천금)

  대수롭지 않은 일로 한꺼번에 큰돈을 손에 넣는 것. 요즈음에는 일확천금(一攫

千金)이라고 쓰는 경우가 많다. 적게는 경마의 마권, 올림픽 복권 등 크게는 주식의 신용거래, 보험 산업 등 어느 것이나 이렇게 벌어들인 돈은 거꾸로 탕진해버릴 위험성이 있다.

- 臨機應變(임기응변)
정세의 변화에 따라 적절한 대응조치를 하는 것이다.

- 自業自得(자업자득)
자기가 뿌린 종자는 자기가 수확하는 것은 당연하다. 자기가 한 업(業)에 의해 자기가 그 응보를 받는 것. 일반적으로는 나쁜 결과를 얻는 경우에 사용된다.

- 自然淘汰(자연도태)
생물이 자연환경이나 조건 등에 적응하는 것은 살아남고 그렇지 못한 것은 사멸하는 현상. 적자생존의 원칙. 도(淘)는 가려내다, 추려내다.

- 自由奔放(자유분방)
제멋대로 자유롭게 행동하는 것. 어떤 스스러움도 없이 하고 싶은 것을 하는 기풍. 도가 지나치면 눈총을 받는다.

- 自暴自棄(자포자기)
자포(自暴)는 스스로 난폭하게 자기 몸을 망치는 것. 자기(自棄)는 스스로 자기 자신을 버리고 되돌아보지 않는 것이다.

- 戰戰兢兢(전전긍긍)
전전공공(戰戰恐恐)이라고 써도 좋다. 전전(戰戰)은 전율(戰慄)과 같다. 두려워하는 모습이다. 긍긍(兢兢)은 삼가고 신중한 모습. 흠칫흠칫하면서 두려워하는 모양이다.

- 轉禍爲福(전화위복)

　자기의 의지와 노력에 의해 불행한 일을 바꾸어 행운으로 만든다는 뜻이다. 우리나라에서는 이 말을 바꾸어 전화위복이라고 했다.

- 正正堂堂(정정당당)

　하는 방식이나 태도가 바르고 당당한 모습이다.

- 糟糠之妻(조강지처)

　가난한 시절 고생을 함께 하며 살아온 아내를 가리킴. 조강(糟糠)은 술지께미와 쌀겨. 이것이 변해서 가난한 사람의 보잘 것 없는 음식을 비유하는 말이 되었다.

- 主客顚倒(주객전도)

　주인과 손님의 위치가 뒤바뀐 것. 일체사물의 경중(輕重)을 잘못 이해하는 것의 비유이다.

- 知彼知己(지피지기)이면 百戰百勝(백전백승)이라

　적을 알고 나를 알면 백전백승한다. 적과 아군의 실제 정황을 잘 비교 검토한 후에 싸우면 몇 번 싸우더라도 절대로 지는 일은 없다… 손자는 그 다음에 이렇게 말하고 있다. '적의 실정을 알지 못하고 아군의 실정만 알고 싸운다면 승패의 확률은 5대 5이다. 또 적의 실정을 모르면 만에 하나도 이길 가능성은 없다.' 나폴레옹이 '손자'를 좌우명으로 삼았다 함은 유명한 이야기다.

- 千辛萬苦(천신만고)

　여러 가지의 고통스러운 일이나 괴로운 일. 신(辛)에는 맵다는 뜻 이외에 고통스러움, 몸에 느껴지는 괴로움, 피부를 찢는 듯이 마음이 아프다. 라는 뜻이 있다.

- 千軍萬馬(천군만마)

　전쟁 등 온갖 경험이 풍부한 것. 역전의 용사 등이 이에 해당된다.

- 天地開闢(천지개벽)

　세계가 처음 열렸을 때. 천지가 발생했을 때. 벽(闢)은 열린다는 뜻으로 개(開)와 같다. '천지개벽 이래' 등으로 사용하면 장엄한 의미를 얘기하는 것이지만, 아주 옛날부터라는 정도의 의미로 쓰인다.

- 出嫁外人(출가외인)

　시집간 딸은 남이나 다름없다는 말이다.

- 天眞爛漫(천진난만)

　천진(天眞)은 자연 그대로 꾸밈이 없는 것. 난만(爛漫)은 있는 그대로를 여실히 나타내는 것이다. 자연 그대로 꾸밈없이 순진한 감정이나 태도를 나타내는 것을 비유한 것이다.

- 天地神明(천지신명)

　천지의 수많은 신들의 움직임. 인간은 '천지신명에게 맹세하고 거짓말은 하지 않는다.'라고 말하고, 금방 거짓말을 한다. 신명(神明)은 모든 것을 내다보는 전지전능한 행동이다.

- 波瀾萬丈(파란만장)

　사건 등의 변화가 극심한 것. 부침(浮沈)이 격심하고 변화무쌍한 인생을 의미하기도 한다.

- 八方美人(팔방미인)

　어느 누구로부터도 싫은 소리를 듣지 않고 많은 사람들과 교제하는 사람을 가리키는 말이다. 성격적으로는 외향성이고 타인과의 교제는 매우 원만한 사람이다. 또한 어느 면에서 보든지 멋있는 사람을 뜻한다.

• 抱腹絶倒(포복절도)

배를 움켜잡고 뒹굴 정도로 웃는 것. 절도(絶倒)는 기절해서 쓰러진다는 뜻이
다. 데굴데굴 구를 정도로 웃는 모습을 말한다.

• 千差萬別(천차만별)

많은 것이 각기 여러 가지로 다른 모습이다.

• 七顚八起(칠전팔기)

여러 번 실패하여도 포기하지 않고 일어서서 다시 분투한다는 뜻이다.

• 快刀亂麻(쾌도난마)

복잡한 일을 아주 시원스럽게 처리한다는 뜻이다.

• 卓上空論(탁상공론)

실천할 수 없는 허황된 토론이다.

• 風紀紊亂(풍기문란)

풍속이나 관습에 대한 규율이 문란한 것. 특히 남녀의 교제가 무절제한 것을 의
미한다. 문(紊)은 '어지럽다' 또는 '문란하다'와 같은 뜻으로 난(亂)과 동의어이다.
이것도 세대에 따라서 시각의 차이가 있다. 어른이 문란하다고 생각해도 젊은이
는 상식으로 생각하는 경우도 허다하다.

• 虛心坦懷(허심탄회)

무심한 상태에서 아무 선입견도 가지지 않고 거치적거리는 것도 없는 솔직한
심경. 아무것도 감추는 것 없이 솔직하게 모든 것을 털어놓고 대화한다는 뜻으로
쓰이는 경우가 많다.

- 和氣靄靄(화기애애)

  부드럽고 유쾌한 감정이 가득 차 넘치는 모습. 사이가 좋은 가족의 평화롭고 안온한 분위기. 애(靄)는, 아지랑이를 뜻하는 것인데 애애(靄靄)이라고 하게 되면 어슴푸레한 온기가 에워싸는 것을 말한다.

- 虎視耽耽(호시탐탐)

  호시(虎視)는 호랑이가 기회를 엿보는 모습. 탐탐(耽耽)은 굽어 살피는 모습. 야망을 달성하려고 기회를 엿보는 상태이다.

- 喜怒哀樂(희노애락)

  기쁨과 노함, 슬픔과 즐거움, 이것들이 인생을 채색하는 것이라는 뜻. 또한 사람의 마음, 표정의 다양한 변화를 말한다.

- 虛虛實實(허허실실)

  허(虛)는 무(無)와 마찬가지로 대비책이 없다는 뜻이다. 실(實)은 충실의 뜻이다. 적의 약점을 노려서 책략을 꾸미는 전법이다. '허허실실의 전략'이라고 한다.

- 荒唐無稽(황당무계)

  종잡을 수 없고 생각에 근거가 없는 것. 엉터리, 무책임한 말. 당(唐)은 입을 크게 벌리는 것. 황당(荒唐)의 뜻은 내용이 없고 터무니없는 언행. 계(稽)는 멈추다, 생각하다의 뜻이다.

- 換骨奪胎(환골탈태)

  뼈를 갈고 태(胎)를 빼어 사용한다는 뜻. 태(胎)는 태아·젖먹이의 뜻으로 이것이 전성하여 사물의 근본이 되는 것. 시문(時文)이나 문장(文章)을 짓는데 있어서 옛 사람의 작품의 뜻을 모방해서 어구를 바꾸고 구성을 바꾸어, 착상을 새롭게 한 듯이 보이려고 하는 것이다.

2부

호감 가는 의사소통

1장

의사소통

1. 효과적인 의사소통의 이해

　일상생활에서 흔히 사용하는 상식적인 의미로 보면 의사소통이란 '남과 이야기하는 것'이다. 자신이 원하는 메시지를 상대에게 전달하면, 전달된 메시지를 상대가 올바르게 이해하고 서로의 메시지를 교환하는 상호활동을 말한다. 대인관계에 있어서 의사소통을 잘하려면 먼저 의사소통의 원리를 이해하고 상황에 맞게 활용하는 것이 필요하다. 의사소통에는 얼굴을 대면하고 메시지를 말로 전달하는 것만 아니라, 우편, 이메일이나 문자메시지 등 언어로만 전달해야 하는 경우도 있다. 의사소통은 크게 언어적 의사소통과 비언어적 의사소통으로 나눌 수 있다. 효과적인 의사소통을 위해서는 언어적인 메시지와 비언어적인 메시지를 적절히 사용하여 자신의 감정만을 내세우지 말고 상대방의 입장이 되어서 생각하고, 편견과 선입견을 버려야 한다. 사회생활을 하면서 의사소통은 매우 중요하다. 특히 직장생활을 하면서 의사소통은 여러 가지로 많은 영향을 미치게 된다. 직장 상사들은 직원들의 겉으로 들어나는 태도를 그 자리에서 바로 인지하고 머릿속에 저장한다. 그러므로 성공적인 직장생활을 하려면 어떠한 태도를 보여야 할까?

　첫째, 표정관리가 매우 중요하다. 회의시간에 눈 맞추지 않고 불만 가득한 표정을 하고 있는 사람은 정리 1순위라고 한다. 직장상사의 부름을 받을 때에는 받아적기와 눈 맞춤을 하고 고개 끄떡이기, 추임새 넣기는 기본이다. 그렇다고 안 보이는 곳에서의 뒷담화는 지양해야 한다. 사람마다 성향은 다르기 때문에 원활한 대인관계를 위해서는 좋은 점만을 보고 상사에 대한 존경하는 마음을 갖는다. 사람은 누구나 자기를 좋아하는 사람을 좋아한다.

둘째, 적극적으로 말해야 한다. 과제를 받았을 때에는 다 알고 있다는 표정을 하기보다는 질문도 하고 완성하기 전에 중간 검토를 받는 것도 때에 따라 필요하다.

셋째, 글로 표현해야 한다. 휴대전화 문자나 짧은 이메일 같은 스몰토크를 잘해야 한다. 정식보고서 아홉 번 잘 쓰는 것보다 한 번의 스몰토크가 더 기억에 남는다고 한다. 회장 건강검진 받는 날 아침에 건강기원문자 한줄 잘 보내서 승승장구한 임원도 있다고 한다. 높은 사람일수록 사소한 것에 감동한다.

실제로 학생신분으로 대학병원 실습했을 때, 환자한테 선물 받은 껌을 외래 과장한테 드렸더니 매우 감격을 하며 " 곧 병원개원을 하는데 나중에 연락을 해라. 함께 일하고 싶다."라는 제의를 받기도 했다. 그러나 억지로 하면 곤란하다. 이 모든 것은 마음에서 우러나는 진실한 마음으로 해야 한다. 꾸며내면 다보이기 때문이다.

원만한 대인관계를 위해서 우리는 언어적, 비언어적 의사소통의 중요성을 숙지해야 한다.

1) 언어적 의사소통(Verbal Communication)

말과 글을 통한 의사소통을 말하며 이메일, 문자메시지, 전화 통화 등이 이에 해당된다. 이는 전달 속도가 빠르고, 즉시 피드백을 받을 수 있다는 장점이 있다. 하지만 발음의 문제나 주변 사항(소음 등), 분위기에 영향을 많이 받을 수 있고, 진지하게 반응할 시간적 여유가 부족하다는 단점이 있다.

2) 비언어적 의사소통(Nonverbal Communication)

비언어적인 메시지를 사용하는 의사소통은 구어적 혹은 문어적 메시지를 제외한 모든 외적 자극(메시지)을 이용한다. 의사소통에서 언어적 메시지는 35%, 비언어적 메시지는 65%를 사용한다고 하는 것은 우리가 스스로 느끼지 못하는 정도의 비언어적 메시지가 의사소통에서 중요하다는 것을 알 수 있다. 비언어적 메시지는 의사소통의 중요한 수단이자, 믿을 수 있는 중요한 정보가 된다.

대화의 내용에 신체적 언어(태도, 표정, 목소리 등)가 포함되기 때문에 내용 전달이 언어적 의사소통에 비해 훨씬 효과적이다. 그렇기 때문에 감정(사과, 부탁, 감사 등)이 담긴 메시지를 전달할 때에는 호소력을 지닌다. 하지만 신체적 언어 비중이 크기 때문에 메시지를 전달할 때 태도, 외모 등 신경 써야 할 부분이 많다. 신체언어도 예의의 연속이므로 상대방에게 불편을 끼치지 않도록 신체언어에도 신경을 써야 한다.

(1) 비언어적 의사소통의 형태

① 얼굴표정에 의한 언어

얼굴은 우리 신체에서 가장 표현력이 있고 눈에 띄는 부분이다. 상대방이 힘들고 고통스러워 할 때에는 걱정스러운 표정을 지어주면 친근함과 함께 더욱 가까워 질 것이다.

★ 중요한 또 한 가지!

사람을 대할 때 바람직하지 못한 표정은 다음과 같다.
무표정, 미간에 주름을 세우는 표정, 입술을 옆으로 꽉 다무는 표정, 코웃음을 치는 표정

② 눈 맞춤에 의한 언어

'눈은 입보다 많은 말을 한다.' 는 말과 같이 눈은 대화에서 많은 영향을 미치고 있다. 상대방을 주시하는 것과 시선을 맞추는 시간의 길이는 상대방에게 어느 정도 집중하고 있는지 알 수 있다. 상대방과 대화를 할 때에는 미소를 띠고 눈빛을 맞춰가면서 이야기해야 한다. 치켜뜨는 눈매, 내리뜨는 눈매, 곁눈질, 아래위로 흘겨보는 눈매로 사람을 대하는 것은 피해야 한다.

③ 동작에 의한 언어

이야기를 들을 때 고개를 끄덕이면 상대방은 안도감을 느낄 수 있다. 반면에 팔짱을 끼거나 주머니에 손을 넣은 자세는 공격, 방어의 자세를 취하는 태도로 보일 수 있으며, 턱을 위로 올리거나 손가락으로 상대방을 가리키는 것은 거부감을 주게 되므로 주의해야 한다.

④ 스킨십에 의한 언어

상황에 따라 예의 있고 진심어린 스킨십은 상대방을 안정시키거나 조절하는 수단으로 이용할 수 있다. 이는 말에 의한 의사소통보다 몇 십 배의 효과를 발휘하기도 한다.

⑤ 복장과 외모에 의한 언어

직장에서의 용모복장은 전문가다운 신뢰감과 편안함을 느낄 수 있도록 배려해야 한다. 따라서 근무복장의 모양이나 색깔, 머리스타일, 화장과 무난한 액세서리 착용 등은 고객들에게 신뢰감을 준다.

3) 의사소통의 기능

① 원만하고 친밀한 인간관계를 위하여
② 정보획득을 위하여
③ 설득을 하기 위하여
④ 의사결정을 하기 위하여
⑤ 확인하기 위하여

2. 의사소통 장애요인

의사소통 과정에는 많은 장애요인이 있을 수 있다. 부적합하게 표현된 메시지, 단어의 누락, 상대방의 불신, 어의(語義)의 왜곡, 주위에서 일어나는 여러 가지 잡음 등 이루 헤아릴 수 없을 정도로 많은 장애요인들이 있다.

바람직한 의사소통이란 송신자(발신자)가 의도한 대로 수신자에게 메시지(정보)가 전달될 뿐만 아니라 이해되어야 한다. 스토너(J. A. F. Stoner)는 의사소통의 장애는 의사소통의 과정이 실로 복잡하기 때문에 발생하기도 하지만, 본질적으로는 각자의 성장배경이나 욕구, 정서, 가치관, 태도 등이 다르고, 각자의 관점에서 현실을 지각하고 해석하기 때문에 의사소통의 장애가 발생한다고 하였다. 또한 의사소통 장애가 발생하는 장애요인은 아래와 같은 요인들이 있다.

1) 타인에 대한 이해 부족

상대방에 대한 좋지 않은 선입관을 갖고 있거나 충분히 이해하지 못 할 때, 이해 부족 현상이 나타날 가능성이 있다. 자기중심적 해석이나 이해는 내용을 왜곡 또는 변질시키게 될 수 있으므로 상대방의 입장에서 메시지를 작성하는 것이 효과적이다.

2) 일방적 의사소통

발신자가 수신자에게 메시지를 전달하고, 그 결과를 피드백 시키지 못하는 경우를 일방적 의사소통이라고 한다. 효과적인 의사소통은 메시지를 주고 그 결과를 피드백 받는 것을 의미하는데, 발신자의 의사 전달에 수신자가 아무런 반응을 보이지 않는 의사소통의 경우에는 장애가 발생한다. 이런 경우에는 확인 과정과 재발신 과정 또는 사전 상황 설명이나 주의를 환기시킨 후, 핵심적 내용을 수용할 수 있도록 메시지 내용을 강조하는 것도 좋은 방법이다.

3) 수신자에 대한 잘못된 가정

발신자가 수신자에 대해 좋지 않은 선입관을 갖고 있다거나 잘못된 가정을 할 경우에는 효과적 의사소통을 기대하기 어렵다. 특히 발신자가 수신자의 태도와 감정 및 의지를 잘못 이해하고 상반된 내용을 전달하려고 시도할 때에는 장애가 된다.

4) 어의상의 해석 차이

언어를 부적절하게 사용함으로써 해석의 오류를 낳고 또 의사소통을 왜곡시키는 결과를 의미한다. 어의상의 해석 차이는 개인적인 표현 방법의 차이와 교육수준의 차이 및 지각과 해석의 차이로 전달한 어의를 상이하게 해석함으로써 발생한다. 따라서 수신자와 일치하거나 수용 가능한 언어나 전문용어를 사용하여 이해를 돕는 것이 바람직하다.

5) 정보의 왜곡

발신자가 의도하는 메시지 내용을 수신자의 의향대로 판단하는 경우를 의미한다. 특히 발신자의 메시지를 수신자의 자존심을 세우려고 하거나 또는 상황을 개선하기 위해 수정하는 경우에는 메시지의 내용이 왜곡된다.

6) 관점과 경험의 차이

발신자와 수신자 간에 발생되는 시각과 경험의 차이로 단어나 내용의 개념이 상이하게 인지되어 장애요인으로 나타나는 경우가 있다. 전문적으로 훈련을 받고 교육을 받은 젊은이와 나이 많은 근로자 사이의 관계에서 발생되는 의사소통의 장벽이 좋은 예가 된다.

7) 감정과 태도

수신자의 감정이 안정되지 못한 상태에서 메시지를 보내게 되면 그 내용이 왜곡될 가능성이 높다. 특히 인간의 감정은 태도를 지배하는 경우가 있어서 감정의 불안정성이나 자극 또는 흥분된 상태는 의사소통의 장애 요인으로 나타나 사실과 다른 내용이나 자극 또는 흥분된 상태는 의사소통의 장애 요인으로 나타나 사실과 다른 내용으로 수용될 가능성이 있다. 보통 말을 잘하지 않는 사람도 감정적으로 자극되었을 때에는 말을 잘하는 사람도 있다. 특히 감정에 자극을 받은 경우 소극적인 사람이 적극적인 행동을 하는 경우도 있다.

8) 시간적 압박

수신자가 시간이 충분하지 못해 메시지를 받기 꺼리는 상태나 수신자가 다른 것이 관심을 갖고 있다거나 다른 일에 몰두하고 있을 때 메시지 수신에 갈등이 생긴다. 즉, 송신자가 주려고 하는 메시지가 수신자가 받고 싶지 않은 내용이거나, 수신자가 다른 중대한 메시지를 기다리고 있을 때에는 수신자의 업무를 방해하는 결과가 생긴다. 이러한 상황에서 수신자의 심리적 갈등상태는 시간적 압박으로 표현된다.

TIP

성공하는 의사소통 파악하기

성공하는 의사소통	실패하는 의사소통
상대방을 인정하고 존중한다	대화를 하는 쌍방이 서로 신뢰하지 못한다
이름을 많이 불러준다	메시지를 보내는 데만 신경 쓰고 받아들이는 데는 소홀히 한다
긍정적인 태도로 말한다	듣는 사람이 말하는 사람의 의도를 다르게 이해한다
눈높이에 맞는 대화를 한다	말하는 사람을 평가한다
자신감 있는 태도를 갖고 있다	듣는 사람이 주의를 집중하지 않는다
내면의 동기나 정서에 귀를 기울인다	언어적인 소통에만 관심을 갖고, 비언어적 의사소통에는 무관심하다

3. 호감 가는 사람들의 의사소통 기법

① 말투가 부드럽고 화를 잘 내지 않는다.

② 남의 험담을 하지 않으며, 실수를 하더라도 심하게 꾸짖지 않는다.

③ 상대방의 좋은 점을 인정하려고 노력한다.

④ 자신의 지식이나 능력을 과시하지 않는다.

⑤ 남의 이야기를 잘 들어주며, 도중에 상대방의 이야기를 가로막지 않는다.

⑥ 상대방의 입장에서 생각한다.

⑦ 공치사를 하지 않는다.

⑧ 자신보다 약한 사람에게 친절하다.

⑨ 필요 이상으로 강하게 말하지 않는다.

⑩ 상대방의 마음에 상처를 주는 행동이나 말은 하지 않는다.

⑪ 자부심이 있다.

⑫ 한번 한 약속은 반드시 지킨다.

⑬ 적극적인 사고방식을 가지고 있다.

4. 호감 가는 의사소통 전략

1) 신뢰가 담겨야 한다

상대를 설득할 때나 자신의 의견을 피력할 때 중요한 것은 진솔함을 담고 대화 상대와 눈높이를 맞추며 의사소통의 목적을 분명히 전해야 한다. 그러기 위해서는 진심으로 말하고 듣는 자세가 필요하다. 즉 상대에게 신뢰를 주는 것이 무엇보다 중요하다.

2) 의사소통 능력은 매우 중요하다

상대와 소통할 수 있는 능력은 상대를 진심으로 이해하는 것부터 시작된다고 할 수 있다. 효과적인 의사소통을 위해서는 때와 장소, 대상에 따라 어떠한 메시지를 사용할지가 달라진다. 또 의견을 조율하려면 협상으로 상대를 설득하는 것이 필요하다.

3) 대화는 듣는 것부터 시작된다

전문가들은 상대방의 말에 귀를 열어 놓는 것부터 대화준비가 시작된다고 말한다. 대화는 '자신의 생각을 잘 전달하는 것이다'라고 생각하기에 앞서, 인내를 가지고 상대방의 이야기를 적극적으로 경청하면 자신이 해야 할 이야기를 정리하기 쉬울뿐더러 서로가 원하는 결론을 도출하기도 유리해서 추후에도 상대방과 좋은 관계를 유지할 수 있다.

4) 말의 양과 질, 그리고 시간을 고려해야 한다

장황한 이야기를 꺼내놓는 것보다는 최대한 단순한 메시지를 이야기할 때 전달력을 높일 수 있다. 그리고 상황에 따라 다소 차이가 있을 수가 있으나 가장 중요도가 높은 말을 화두에 하는 것이 전달력이 좋다.

5) 이야기하고자 하는 핵심은 미리 정리하라

지나치게 논리적인 것보다 사람의 마음을 파고드는 진솔함이 청중에게 감동을 줄 수 있다. 말하고자 하는 내용의 핵심을 글로 쓰며 메시지를 만들고, 최대한 간략하게 다듬어 전달력을 높이고 강조할 부분은 반복하는 연습이 필요하다.

6) 대상의 의중을 미리 파악하는 것이 효율적인 대화를 이끌 수 있다

새로운 계획이나 비전을 제시하기 전 반드시 의견을 수렴하고 공감대를 이끌 수 있는 방향으로 고민해야 한다. '어떤 말을 할까' 보다 '어떻게 말할 것인가'를 고민해야 상대와 진정으로 통(通)할 수 있다. 자문자답을 통해 상대가 어떤 반응을 보일지 미리 예측해 보는 것도 좋은 방법이다. 고객과 상담을 할 때에는 고객의 메시지를 정확하게 이해하려고 노력해야 하며 정확한 뜻은 확인해야 한다.

7) 'Yes, But'으로 풀어라

요즘은 서번트 리더(Servant Leader)가 각광받고 있다. 부드러운 이미지가 강조되는 서번트 리더는 말투만 부드러운 것을 말하는 것은 아니다. 상대를 배려하는 마음이 중요하다. 상대가 편안하게 이야기를 할 수 있도록 시선처리, 표정이 중요하며, 미소를 띠면 대화를 매끄럽게 진행할 수 있다.

특히 공감대 형성을 위해 먼저 듣고, '입장을 바꿔보니…' 등의 문구로 이야기를 시작하되 '그러나 OOOO을 위해서는…'으로 마무리 하는 'Yes, But'화법을 사용하는 것이 좋다. 상대의 이야기를 경청한 후 '그렇게 생각하는군요.'라는 식의 공감 화법을 쓰고, 상대의 요구사항을 질문을 통해 해법을 찾아나가야 한다. 경청 후 비전을 제시하는 것이 비전을 먼저 전하는 것보다 훨씬 효과적이다.

8) 반말을 섞어 사용하면 안 된다

친근감을 높이고자 고객에게 반말을 섞어서 사용하면 안 된다. 상대는 반말을 친근하게 들어준다 하더라고 주변에 있는 다른 고객들이 거북할 수도 있다. 또 문장을 구사할 때에는 완전한 문장으로 마무리하는 것이 필요하다. "글쎄…", "경우에 따라서는…" 등의 표현은 성의가 없게 들릴 수도 있고 때에 따라 무책임하게 들릴 수도 있다.

9) 구어체를 활용한다

이야기를 할 때는 문어체가 아닌 구어체를 활용해 강약을 살려서 얘기하는 것이 공감대를 이끌어 내는데 효과적이다. 그리고 적당한 유머는 친근감을 높이므로 적절한 비유와 경험 위주의 사례를 들면서 지루하지 않게 대화를 하는 것이 좋다.

10) 전문용어는 꼭 필요할 때만 사용한다

병원에서는 고객과의 대화에서 전문용어를 사용하지 않고 설명 가능한 부분은 이해하기 쉽게 설명하는 것이 좋다. 지나친 전문용어(의학용어) 사용은 대화의 단절이 일어날 수 있으므로 꼭 필요한 경우에만 사용 하도록 한다.

> 누구든 리더가 되려는 사람이라면 먼저 봉사하는 법부터 깨우쳐라.
>
> —Jesus Christ

5. 인사로 의사소통이 잘되는 비결

인사는 많은 예절 가운데서도 가장 기본이 되는 표현이며 상대방을 인정하고 존경하며 반가움을 나타내는 형식으로 마음을 열어 상대방에게 다가가는 적극적인 자기표현이다. 인사를 예의바르게 잘하느냐, 못하느냐에 따라서 나의 이미지는 결정된다. 그러나 사람들은 처음 만나는 사람에게 먼저 말을 걸거나, 내가 먼저 인사를 하는 것을 쑥스러워 하기도 하고, 직장인들은 고객과 만나는 자리를 어색하고 어렵게 느낀다. 그러나 인사는 내가 먼저 함으로써 분위기를 부드럽게 만들고 상대방에 대한 호의를 가지고 있다는 것을 보여주는 것으로 자신의 인격과 품위를 나타내기 때문에 인사를 잘하는 것은 매우 중요하다.

'인사를 잘하는 사람 중에 불친절한 사람 없고, 친절한 사람 중에 인사 못하는 사람 없다.' 라는 말이 있으며, 또한 "오래 사는 사람들은 인사성이 밝고, 자세가 바르다."라고 하는 것을 보면 인사성이 좋은 사람이 상대에게 호감과 신뢰감을 형성할 수 있기 때문에 마음에서 우러나는 진심이 깃든 인사를, 내가먼저 할 줄 아는 사람이 대인관계도 원만하고 성공할 가능성이 인사를 못하는 사람보다 훨씬 많다는 것을 알 수가 있다. 상대방이 동년배나 연하일 때도 자신이 먼저 인사하는 습관을 갖는 것이 좋다.

1) 인사가 전달하는 메시지

상대의 입장을 존중하는 의미로 직장에서의 인사는 업무에 활력을 준다. 또한 명량한 인사는 참신한 기풍을 주어 부드러운 인간관계를 만든다.

2) 인사의 기본

① 인사는 상대가 누구든 상대와 눈이 마주쳤을 때 무조건 내가 먼저 한다.
② 인사를 하기 전과 후에는 반드시 눈 맞춤을 한다.
③ 인사를 할 때에는 밝은 표정으로 한다.
④ 인사말은 분명하고 명랑하게 한다.
⑤ 때와 장소, 상황에 맞는 인사를 한다.

3) 직장 내 인사

① 출 · 퇴근 시의 인사는 업무의 시작과 끝이다.
② 인사하는 것도 업무의 한 부분이다.
③ 외출하는 직원에게는 "다녀오십시오.", 부하직원에게는 "수고하셨습니다."라고 인사를 한다.
④ 인사를 할까 말까 망설이지 말고 내가 먼저 인사한다.
⑤ 말로만 하는 인사는 바람직하지 않다.

4) 상황별 인사

첫인사는 자신의 첫인상이 결정되므로 처음 인사를 나눌 때는 정중하게 자신이 먼저 이름을 말하는 것이 좋다.

(1) 사회에서 처음 만나는 사람에게 인사할 때

① "처음 뵙겠습니다. 정○○입니다." 자신의 성과 이름을 또박 또박 말한다. 상황에 따라 " 앞으로 잘 부탁드리겠습니다." 라고 곁들인다.

(2) 신입사원이 직장 내 선배에게 인사할 때

① "처음 뵙겠습니다. 원무과 홍○○입니다. 열심히 일하겠습니다. 많은 지도 부탁드리겠습니다."

② "처음 뵙겠습니다. 총무과에 새로 들어온 서○○입니다. 앞으로 많은 지도 부탁드립니다." "잘 부탁드립니다."

(3) 거래처를 처음 방문해 인사할 때

① "처음 뵙겠습니다. 저는 ○○병원 ○○과 홍○○입니다. 잘 부탁드립니다. 제가 오늘 찾아 뵌 이유는 다름이아니라…" 상황에 따라 " 앞으로 잘 부탁드리겠습니다." 라고 곁들인다.

② 거래처에서 방문 했을 때에는 감사의 인사로 맞이한다
"어서 오십시오."
"바쁘신데 먼 길을 일부러 와주셔서 고맙습니다."
"항상 저의 병원으로 소개해주셔서 감사합니다."

③ 이름을 불러 환영하는 마음을 표현한다

　"○○병원 김○○님! 기다리고 있었습니다."

　"김○○님! 무슨 좋은 일이 있나요? 오늘따라 표정이 더욱 밝으시네요."

④ 사적인 축하 인사도 격식을 갖추자

　"축하합니다." ☞ "진심으로 축하합니다." "진심으로 기원합니다." "정
　　말 축하합니다."

2장

듣기

한 연구에 의하면 직장인들은 듣기에 33%, 말하기에 26%, 쓰기에 23% 그리고 읽기에 19%의 시간을 할애한다고 한다. 말을 잘하는 사람은 듣는 자세도 좋다. 흥미진진한 얼굴과 호기심이 가득한 눈으로 몸을 앞으로 내민 채 상대방의 이야기를 들으면 말하는 사람은 점점 이야기에 열을 올리며 기대 이상의 정보까지 털어놓게 된다. 어쩌면 아주 사적인 이야기까지 털어놓을지도 모른다. 다른 사람의 이야기를 잘 듣는 사람은 말도 잘한다. 하지만 말 잘하는 것보다 잘 듣는 것은 더 어렵다. 듣는다는 것은 경청하는 것을 의미한다.

모임에서 처음 만난 사람끼리 인사를 하고 난 직후, 상대방의 이름이 뭐냐고 물어보면 대부분의 사람들은 기억을 못한다. 이름 석 자를 기억 못한다는 것은 그만큼 제대로 듣지 못했다는 것이다.

내가 말을 하고 있을 때 상대가 나를 쳐다보지 않고 다른 곳을 바라보거나 다른 일을 할 때에는 내 이야기를 잘 듣고 있는지 확인을 하게 된다. 이럴 때 상대는 "말해, 다 듣고 있어."라고 말을 하지만 정작 나는 상대방과 눈을 마주치지 않으면 말을 하고 싶지 않게 된다. 여러분은 이러한 경험을 한 적은 없는가?

우리는 상대의 재미있는 이야기에는 목소리를 높여 웃고, 기묘한 이야기에는 고개를 갸웃거리며, 적절한 시점에 맞장구를 쳐주고, 상대방의 의견에 긍정할 때는 동의한다는 신호를 보내보자. 말하는 사람은 이 신호를 받고 더욱 이야기에 열중하게 될 것이다. 이제부터 상대방의 이야기를 온몸으로 들어 주는 기술을 터득하고 주변으로 부터 신뢰와 인정을 받도록 하자.

★ 중요한 또 한 가지!

말하고, 읽고, 쓰는 것은 6년이면 거의 다 배우지만 듣는 것은 60년이 걸린다고 해서 나이 60을 이순(耳順 : 귀를 열어 놓는다)이라고 했다.

잘 듣는 사람은 '소리'가 아니라 이야기의 내용을 듣는다

상대방의 이야기를 무시하는 자세	상대방의 이야기를 진지하게 들으려는 자세
상체를 뒤로 젖힌 자세로 이야기를 듣는다	고개를 끄덕이며 동의를 표시한다.
주머니에 손을 넣은 채 팔이나 다리를 꼬고 이야기를 듣는다	몸을 앞으로 내밀고 이야기를 듣는다.
	신경을 한데 집중해 듣는다.
말하는 사람의 눈을 보지 않고 한눈을 판다.	눈은 쳐다보며 주의 깊게 이야기를 듣는다.
다른 일을 하면서 이야기를 듣는다.	고개를 갸웃거리며 의문의 신호를 보낸다.

1. 적극적 경청

자기 의견을 효율적으로 전달하는 것 못지 않게 상대방의 이야기를 정성껏 들어 주는 수용의 자세가 있어야 한다. 적극적인 경청이란 소리를 듣기만 하는 것이 아니라 상대방이 전달하고자 하는 말의 내용은 물론 그 내면의 말을 하게 된 동기나 감정에 귀를 기울여 듣고 상대방에게 피드백 하여 주는 것이다. 즉, 적극적 경청이란 상대방이 말한 내용의 평가, 의견 제시, 충고, 분석, 의문을 전달하는 것이 아니라 상대방이 하는 말이 의미하는 바가 무엇인지를 이해하면서 듣는 것을 말한다.

'적극적 경청'은 말을 하는 사람의 관점을 이해하려고 노력하고, 상대방의 입장을 이해하려는 것을 말한다. 적극적인 경청기법으로 로빈스(S.P. Robins)는 다음과 같은 방법을 제시하고 있다.

① 눈 맞춤을 하라.
② 고개를 끄덕이며 적절한 표정을 지어라.
③ 주의를 산만하게 하는 행동이나 제스처를 피하라.
④ 질문하라.
⑤ "내가 듣기로는 당신이 말하는 바가…" 또는 "당신이 말하는 바는…" 등의 듣는 표현으로 부연하라.
⑥ 말하는 사람 사이에 끼어들어 방해하지 말라.
⑦ 너무 많이 말하지 말라.
⑧ 말하는 사람과 듣는 사람의 역할 전환을 자연스럽게 하라.

1) 적극적 경청의 장점

① 들어주어야 마음을 연다.
② 들어주면 호감이 생긴다.
③ 들어주면 감정적인 정화(카타르시스 Catharsis)가 된다.
④ 들어주는 사람에게는 반항하지 않는다.
⑤ 후회를 만들지 않는다.

2) 적극적 경청의 자세

① 상대방이 편안하게 이야기 할 수 있도록 배려해 준다.
② 상대방에게 공감과 확신을 주는 반응을 보여야 한다.
  예) 고개를 끄덕거린다. 맞장구를 쳐준다.
③ 상대방의 메시지를 정확히 이해하려고 애를 쓰면서 그 뜻을 확인해야 한다.
④ 상대방의 의도와 동기를 캐내려는 데에 몰두해서는 안 된다.

⑤ 대화에 방해가 되는 태도를 삼가야 한다.

⑥ 상대방의 말을 방해하거나 끊는 행동을 해서는 안 된다.

⑦ 상대방의 입장에서 경청하라.

3) 적극적 경청의 10원칙

① 침묵 귀를 기울일 것

② 상대방의 입장에서 들을 것

③ 감각을 총동원하여 들을 것

④ 표정과 동작을 주시할 것

⑤ 맞장구를 칠 것

⑥ 주의 깊게 들을 것

⑦ 중단시키지 말 것

⑧ 흥미를 가질 것

⑨ 분위기를 깨지 말 것

⑩ 상대방의 거울이 될 것

4) 상대방 유형에 따른 적극적 경청 방법

(1) 쾌활하게 많이 이야기하는 경우

① 같이 즐기면서 듣는다.

② 쉬는 간격을 잘 포착하여 이야기를 잘 이어받고, 혼자서 말하지 않도록 한다.

(2) 말이 없고 까다로운 경우

① 조용하고 느긋하게 듣는다.

② 밝은 분위기로 정확하게 대응한다.

(3) 근심이나 걱정이 많은 나머지 번거롭게 빙 돌려서 말하는 경우

　① 참을성 있게 듣는다.
　② 정리하거나 분석하며 핵심을 명확히 한다.

(4) 신중한 나머지 여간 해서 다른 사람에게 자신의 본심을 드러내지 않는 경우

　① 상대방의 자세에 영향을 받지 말고 성실하게 신중하게 듣는다.

(5) 억지로 상대방을 자신의 페이스에 집어 넣으려고 하는 경우

　① 목소리 큰 것에 압도되지 말고 내용을 잘 듣는다.
　② 자기 쪽에서 품속에 뛰어는 것 형태를 취한다.

(6) 완고하고 고지식하여 여간 해서 자기주장을 굽히려 하지 않는 경우
　① 성실하고 진지한 태도로 듣는다.
　② 질문의 형식으로 대안이나 반대의견을 말한다.

2. 듣기의 장애요인

　상대방의 말을 진지하게 들어주면 신뢰가 쌓이고, 좋은 관계가 지속적으로 설정되는데, 우리는 남의 말을 잘 들어주지 못하는 이유가 몇 가지 있다.

　① 이야기하는 속도에 비해 듣는 속도는 4.5배나 빠르다. 따라서 상대방이
　　 생각하는 동안에 조바심을 내기 쉽다.

　② 듣기보다는 오히려 이야기하고픈 생각을 한다.

③ 상대방이 말하려는 내용을 자신이 이미 알고 있다고 생각하기 쉽다.

④ 선입견을 가지고 남의 말을 들으려 한다. 이미 마음속에서 논쟁을 펼치고 있는 것이다.

3. 맞장구

상대방과 대화를 할 때 다른 일을 하고 있다거나 시선을 상대방의 얼굴에 두지 않고 엉뚱한 곳을 바라보거나 하면 내 얘기를 잘 듣고 있는 것 같지 않고 기분이 언짢아진다. 대화 중 적절한 맞장구는 말하는 사람을 기분 좋게 하고, 말할 의욕을 높여주는 역할을 한다. 상대방의 이야기를 듣다가 한마디 거들어야 할 때 "네, 아, 그거 대단하군요. 정말 놀라운데요. 그래요? 과연 그렇군요. 참 안됐네요. 저런. 쯧쯧. 역시 그랬군요."등 맞장구를 치게 되면 이야기에 활기가 생기고 상대방은 점점 더 자신의 이야기에 열중한다.

1) 맞장구 종류

① 동의의 의미

"네, 그러네요." "네, 맞습니다." "과연! 정말 그렇겠군요." "알겠습니다."

② 공감의 의미

"어머~놀라셨겠어요." "저런......,힘드시겠습니다."

③ 놀람의 의미

"정말 대단한데요." "진짜 놀랍네요."

④ 촉진의 의미

"그래서 어떻게 됐지요?" "예를 들면요?"

⑤ 정리의 의미

"아~이렇다는 말씀이군요." "네, 잘 알겠습니다."

2) 맞장구치는 방법

(1) 맞장구에 인색하지 말자

우리나라 사람들은 맞장구에 인색하다. 상대방은 신나게 이야기를 하고 있는데 멍청히 얼굴만 바라보고 있다가 틀린 점을 지적하거나 난데없이 무안을 주는 경우가 있는데 상대방의 이야기를 집중해서 들을 줄 아는 아량과 인내가 필요하다. "아 그럼요. 역시 옳은 말씀이십니다." 등 그때마다 맞장구를 치거나 짧은 질문을 던짐으로써 관심을 보인다면 원만한 대인관계가 형성될 것이다.

(2) 타이밍을 맞추자

맞장구의 타이밍을 맞춤으로써 상대방이 말하는 것에 흥이 나도록 한다.

(3) 맞장구는 짧게 감정을 넣어서

"그럴듯한데요. 그것 참. 역시. 어머, 정말입니까?" 등의 말을 사용한다.

(4) 맞장구를 멈출 때를 알 것

무조건 맞장구를 친다고 좋은 것이 아니다. 상대가 열을 올리고 있을 때는 맞장구를 잠시 멈춘다.

(5) 맞장구는 교묘하게 쳐라

상대방으로부터 긍정의 대답을 얻고 싶을 때는 긍정의 말에만 맞장구를 침으로써 대화를 원하는 방향으로 유도할 수 있다.

3) 기분을 좋게 하는 맞장구 기술 3가지

① 맞장구를 쳐서 이야기 흐름을 파악한다

"정말입니까?" "그래서 어떻게 됐습니까?" "그렇습니까?"

② 긍정하는 신호를 보낸다

'당신의 이야기는 재미있으며, 제게 많은 도움이 됩니다.' "그렇군요." "옳은 말씀이십니다." "네."

③ 상대방이 이야기하고 싶게 만든다

"과연 그렇군요." "역시 그렇군요." "훌륭합니다."

3장

말하기

말을 할 때는 가능하면 쉬운 말을 골라 쓰고 발음을 정확하게 하면서, 그 내용에 알맞은 표정이나 몸짓을 자연스럽게 곁들이면 상대방이 이해하기 훨씬 쉬워진다.

청중 앞에서 말하기를 할 때 무엇보다도 중요한 것은 청중을 내 말에 집중하게끔 하는 것이다. 강조하고 싶은 부분에만 변화를 주어도 내용 전달력은 훨씬 높아진다. 말을 잘 한다는 것은 자신이 의도하는 것을 상대방에게 적극적으로 전달하는 것이다. 듣기 좋은 음성으로, 호감이 가도록 메시지를 표현하여, 효과적으로 말하는 요령이 필요하다.

1. 효과적으로 말하기

1) 설득력을 부여하는 5가지 강조법

① 높임 강조 : 강조하고 싶은 부분에서 톤을 살짝 높이며 힘을 주어 강조
② 낮춤 강조 : 높임 강조와는 반대로 톤을 낮춰 약하게 말하며 강조
③ 속도를 늦춰서 강조 : 천천히 속도를 늦춰 말함으로써 강조
④ 모음을 길게 늘여서 강조 : 모음을 길게 늘이면서 내용의 정도를 강조
⑤ 포즈를 통한 강조 : 중요한 내용을 말하기에 앞서서 잠시 말을 멈추어

(Pause) 바로 다음에 이어지는 내용을 강조하는 방법

2) 효과적으로 음성을 표현하는 방법

① 볼, 턱, 혀, 목 운동으로 안면 근육을 부드럽게 해준다.
② 발음은 정확하게, 속도는 알맞게 조절한다.
③ 개성을 살릴 수 있는 자신만의 독특한 발음을 개발한다.

2. 상대에게 호감을 줄 수 있는 말하기 전략

1) 올바른 말하기 자세

① 상대방과 눈높이를 맞춘다.
② 대화 시 항상 자신의 행위와 반응에 대해 책임을 진다.
③ 자기 생각만을 말한다.
④ 경청해 준 사람에게 고마움을 갖는다.
⑤ 말을 들어주는 사람의 성향에 맞게 말을 한다.
⑥ 말을 들어주는 사람의 비언어적 태도를 확인하면서 이야기한다.
⑦ 자기주장만을 너무 내세우면서 말을 하지 않는다.
⑧ 말의 양과 질 그리고 시간을 감안한다.
⑨ 상대를 배려해야 한다.
⑩ 상대방과 눈 맞춤을 하면서 말을 한다.

2) 기본 화법

① 말소리가 분명해야 한다.

② 목적이 확실해야 한다.

③ 듣기 쉬워야 한다.

④ 관심과 흥미를 끌어야 한다.

⑤ 유익한 것이어야 한다.

⑥ 내용과 표현이 단조롭지 않아야 한다.

⑦ 때로 감동을 주어야 한다.

⑧ 상대방과 대화시기가 적합해야 한다.

⑨ 여운을 남겨야 한다.

3) 성공적인 말하기 전략

① 말을 시작하기 전에 먼저 요점을 가다듬고 정리한다.

② 서론을 길게 하지 않는다.

③ 결론부터 짧고 명확하게 말한 뒤 보충설명을 한다.

④ 말의 속도와 높낮이, 목소리 크기를 변화 있게 조절해서 말한다.

⑤ 대화 상대나 청중의 반응에 적절히 대응하면서 말한다.

⑥ 문장은 간결하고 명확하게 구사한다.

⑦ 불만이나 푸념, 또는 부정적인 말을 가급적 자제한다.

⑧ 공통의 화제나 관심사를 빨리 찾아내어 대화에 적용한다.

⑨ 화가 난 상대방의 말을 감정적으로 맞받아치지 않는다.

⑩ 상대방에게 말할 기회를 주고 자기 말을 앞세우려 하지 않는다.

들으면 기분 좋은 말 3가지

① 예, 알겠습니다.   ② 고맙습니다.   ③ 죄송합니다.

3. 호감 가는 표현 사용하기

고객과 의사소통을 할 때 어떤 표현을 쓰는가는 매우 중요하다. 똑같은 내용도 어떤 어휘를 사용하여 포장하느냐에 따라 상대방에게 주는 이미지가 크게 달라지기 때문이다. 말은 사람의 인격뿐 아니라 소속되어있는 곳의 품격을 대변한다. 그러므로 은어나 속어, 된소리 발음, 상소리, 과장된 표현, 지나친 농담은 지양한다. 일반인은 물론, 특히 서비스인은 고객에게 친밀감을 주면서도 정중한 표현, 경어 사용 및 품위 있는 표현 등을 구사할 줄 알아야 한다.

1) 기본적인 경어 사용

상대방에게 경의를 나타내는 말에는 일정한 기본 형태가 있다. 경어를 자연스럽게 쓰려면 말씨와 어휘를 조화롭게 사용하여야 한다.

① 말의 앞이나 뒤에 접두사나 접미사가 붙는다
- 아버님, 어머님, 선생님, 귀사 등

② 용언의 어간에 높임의 선어말어미'–시–'를 붙인다
- 사장님께서 선물을 주시면서 칭찬해주셨습니다.

③ 자신을 낮춰 상대방에게 경의를 표하는 말도 익혀둔다
- 저(나), 말씀 : '말씀'은 높임말과 낮춤말에 모두 쓰인다.
- 졸고 : '자신의 원고'를 겸손하게 이르는 말이다.
- 폐사 : '자기회사'를 낮추어 이르는 말이다.

④ 어미를 바꾸면 경어가 된다
- "이것이 계획안이다." → "이것이 계획안입니다."

① 존경어 : 존경하는 윗사람이 동작이나 상태를 표현할 때 사용
② 겸양어 : 자기를 낮추어 간접적으로 상대방을 존경할 때 사용
③ 정중어 : 상하 관계를 떠나 정중한 응대가 필요할 때 사용

⑤ 경어법과 호칭

상대방을 부를 때에는 전문적인 이미지를 잘 나타내는 호칭을 쓴다.

예) (외부고객)고객님, (이름)님, (내부고객)씨, 선생(님), 실장(님)

금기사항 : ○○야, ○○언니.

⑥ 상대방을 높이는 말씨

- "–입니다. ~하십니까?" (다까체)
- "~하세요." (요조체)
- '다까체'와 '요조체'의 비율은 6:4 정도가 적당하다.

⑦ 나보다 높은 사람을 더 높은 사람에게 이야기할 때

- 그 사람을 낮춰서 말한다. (압존법).
- 저희 남편께서는 집에서 진지를 드십니다. (×)
  → 저희 남편은 집에서 저녁을 먹습니다. (○)
- 원장님, 홍실장님께서는 외근 중이십니다. (×)
  → 원장님, 홍실장은 외근 중입니다. (○)
  → 원장님, 홍실장님은 외근 중입니다. (○)

이 경우 홍실장이 나보다 높으므로 '님'자를 넣어도 무방하다.

보통 어휘	존대 어휘	보통 어휘	존대 어휘
말	말씀	먹다	잡수시다
밥	진지	자다	주무시다
집	댁	골내다	노하시다
성질	성품	있다	계시다
숟가락	간자	~이, ~가	께서
말하다	여쭙다	–	–

2) 구체적인 표현 사용

① 막연하고 모호한 표현 대신 구체적이고 알아듣기 쉬운 표현을 한다.

예) 알아보고 연락드릴 테니 잠깐 기다려 주십시오.

→ 제가 담당 부서에 알아보고 연락드리겠습니다. 약 10분 정도 기다려 주시겠습니까?

3) 긍정적인 표현 사용

① 긍정적인 표현이란 긍정적인 부분을 중심으로 표현하는 것이다. 같은 내용도 긍정적인 부분을 강조해서 말하면 거부감을 줄일 수 있다.
- 이곳에서는 담배를 피워서는 안됩니다. (×)
- 건물 바깥에 흡연실이 마련되어 있습니다. (○)

② 긍정적인 내용과 부정적인 내용을 함께 말해야 할 때는 긍정적인 것을 먼저 이야기하고 나중에 부정적인 것을 말한다.
- 헤어스타일이 잘 어울리네요. 근데 병원에 근무하기에는 약간 화려한

것 같네요.

- 새로 산 신발인가 봐요. 참 잘 어울려요. 하지만 근무할 땐 약간 불편하실 것 같아요.

4) 정중한 표현 사용

경어를 사용하는 데 익숙지 않다면 말끝에 정중한 어투를 사용하면 좋은 인상을 줄 수 있다.

① "좋은 아침." → "좋은 아침입니다."
② "다녀오세요." → "다녀오십시오."
③ "그럼, 먼저 갈께요." → "그럼, 먼저 퇴근하겠습니다."
④ "미안해요." → "죄송합니다."
⑤ "수고했어요." → "수고 많으셨습니다."
⑥ "고마워요." → "감사합니다."
⑦ "무슨 일이죠?" → "무엇을 도와드릴까요?"
⑧ "알았어요?" → "네, 잘 알겠습니다."
⑨ "어때요?" → "어떠십니까?"
⑩ "누구에요?" → "누구십니까?"
⑪ "기다리세요." → "잠시만 기다려주시겠습니까?"

5) 청유형의 표현 사용

명령형의 표현은 상대방에게 거부감을 줄 수 있다. 그러므로 해결방안을 모색하는 것처럼 함께 의논해야 하는 상황에서 "이렇게 하세요."라고 자신의 의견만을 제시하지 않고 "이렇게 하는 것이 어떻겠습니까?"라고 고객의 의견을 구하면서 자신의 의견을 적절히 제시하도록 한다.

① 이쪽으로 오세요. → 죄송하지만, 이쪽으로 오시겠어요?

② 여기 인적사항 좀 써 주세요. → 번거로우시겠지만, 인적사항을 기입해 주시겠습니까?

6) 개방적인 표현 사용

① 계속적으로 대화를 하고 고객의 이야기를 많이 듣기 위해서는 고객으로 하여금 말을 할 수 있도록 적절하게 질문한다.

② '네, 아니오'의 대답만 가능한 폐쇄적인 질문은 가급적 지양하고 개방적인 질문을 하도록 한다.

좋지 못한 표현	좋은 표현
소개로 오셨습니까?	처음 방문하셨는데, 혹시 저희 병원은 어떻게 알고 오셨습니까?

7) 완곡한 표현 사용

고객이 요구하는 것을 거절해야 하거나, 고객이 불만을 제기하는 어떤 문제의 책임이 고객에게 있을 때 고객의 문제점을 지적하고 책임을 규명해야 하는 등 고객에게 응대하기에 난처한 상황에서 되는 것, 안 되는 것을 완곡하게 표현하는 것을 말한다.

예) 돈 안 내셨어요. → 수납하셨는지 확인 부탁드립니다.

4. 상황에 맞는 말씨 사용하기

1) 상황별 고객에게 친절하게 말하기

(1) 고객을 맞이할 때

   ① "어서 오십시오", "어서 오세요"

   ② "안녕하십니까?", "안녕하세요?"

   ③ "어떤 일로 오셨습니까?', '어디를 찾으십니까?'

(2) 고객의 용건을 받아들일 때

   ① "감사합니다."

   ② "네, 잘 알겠습니다."

   ③ "네, 손님 말씀대로 처리해 드리겠습니다."

(3) 고객에게 감사의 마음을 나타낼 때

   ① "찾아 주셔서 감사합니다."

   ② "항상 저희 회사를 이용해 주셔서 감사합니다."

   ③ "멀리서 와 주셔서 감사합니다."

(4) 고객에게 질문을 하거나 부탁할 때

   ① "괜찮으시다면, 연락처를 말씀해 주시겠습니까?"

   ② "실례지만 성함이 어떻게 되십니까?"

   ③ "번거로우시겠지만, 제게 말씀해 주시겠습니까?"

(5) 고객을 기다리게 할 때

   ① "잠깐 실례하겠습니다."

② "죄송합니다만 잠시만 기다려 주시겠습니까?"

③ "책임자와 상의해서 곧 처리해 드리겠습니다."

(6) 고객 앞에서 자리를 뜰 때

① "잠시 기다려 주시겠습니까?"

② "5분만 기다려 주시겠습니까?"

(7) 고객으로부터 재촉 받을 때

① "대단히 죄송합니다. 곧 처리해 드리겠습니다."

② "대단히 죄송합니다. 잠시만 더 기다려 주시겠습니까?"

(8) 고객을 번거롭게 할 때

① "죄송합니다만……"

② "대단히 송구스럽습니다만……"

③ "귀찮으시겠지만……"

④ "번거롭게 해 드려서 죄송합니다."

(9) 고객이 불평을 할 때

① "네, 그렇게 하는 것이 당연합니다만……."

② "다시 확인해 보겠습니다. 잠시만 기다려 주시겠습니까?"

③ "네, 옳으신 생각이십니다만……."

(10) 고객에게 거절 할 때

① "정말 죄송합니다만……."

② "말씀드리기 어렵습니다만……."

(11) 상급자와의 면담을 요청받을 때

   ① "실례지만, 누구시라고 전해 드릴까요?"
   ② "실례지만, 어디시라고 전해 드릴까요?"

(12) 용건을 마칠 때

   ① "네, 대단히 감사합니다."
   ② "오래 기다리셨습니다. 감사합니다."
   ③ "바쁘실 텐데 기다리게 해서 정말 죄송합니다."

2) 원활한 대화를 위해 쿠션언어 사용하기

상대에게 부탁을 해야 하는 경우 원만하게 협조를 얻는 의뢰형 화법으로, 고객의 자존심을 상하지 않게 하거나 또 다른 불만이 생기지 않게 하기 위해 완충작용을 하는 어구를 적절히 사용하는 꼭 필요한 표현 방법이다.

   ① "죄송합니다.
     ~수요일은 아무래도 시간이 안 될 것 같습니다."

   ② "죄송합니다.
     ~담당자가 다른 전화를 받고 있습니다. 잠시 기다려 주시겠습니까?"

   ③ "죄송합니다.
     ~김 실장이 출장 중이어서 곤란합니다만…….."

   ④ "번거로우시겠지만
     ~오늘 접수는 마감되었습니다. 내일 다시 방문해주시겠습니까?"

⑤ "실례지만

　～뭔가 착오가 있는 것은 아닐까요?"

⑥ "공교롭게도

　～이 사항은 이미 결정되었습니다."

⑦ "수고 끼쳐드려 죄송합니다만

　～2층 검사실로 다시 가주시면 감사하겠습니다."

⑧ "괜찮으시면

　～잠시 자리를 옆으로 이동 해주시겠습니까?"

5. 말하기 전략

　말 잘하는 능변가란 말하기, 듣기의 일정법칙을 자유자재로 구사할 수 있는 사람이다. 이야기를 잘하려면 아이디어 정리, 상황에 맞는 방법을 써서 흥미를 안겨주는 것이 필요하다. 거듭된 연습과 경험을 쌓으면 점차 능변으로 변모해 나간다.

① 품위 있는 태도 : 내용 있는 것을 말하며 자신을 갖고 말한다.
② 대화 자료의 준비 : 보통 쓰이는 이상으로 많은 자료를 준비한다.
③ 말하기 속도 : 여러 가지 변화를 주어 싫증을 주지 않는다.
④ 활기 있게 말한다. : 대화를 즐겁게 하고 음성을 활기 있게 한다.
⑤ 흥미와 관심 : 대화를 한층 돋보이고 흥미 있게 하는 관심사항을 말한다.
⑥ 목적이 분명 : 목적을 정하고 이야기를 준비하는 것이 필요하다.
⑦ 표현을 새롭게 : 틀에 박힌 표현보다 새롭고 신선한 표현을 한다.
⑧ 상황에 맞는 표현 : 상대방의 상황을 살펴 변화를 준다.

⑨ 구체적인 말, 자신의 말, 통용이 넓은 말을 사용한다.

⑩ 포즈의 이용 : 말하기 효과를 올리는 포즈(Pause)를 취하여 듣는 이의 생각하는 깊이와 강한 인상을 심어준다.

말에 관한 명언 · 속담

① 말의 명인이 되면 지위와 부는 자연히 따라온다. – 이집트 명언
② 낮말은 새가 듣고, 밤 말은 쥐가 듣는다.
③ 말 한마디로 천 냥 빚을 갚는다.
④ 발 없는 말이 천리 간다.
⑤ 가는 말이 고와야 오는 말이 곱다.
⑥ 말이 씨가 된다.
⑦ 처녀가 애를 낳아도 할 말은 있다.
⑧ 은쟁반 위에 금 사과
⑨ 되로 주고 말로 받는다.
⑩ 고기는 씹어야 맛이고 말은 해야 맛이다.
⑪ 말은 '창조와 파괴'의 양날이 있는 칼날과 같다.

4장

칭찬하기

사람에게는 누구나 장점은 있게 마련이다. 장점보다 결점이 눈에 잘 띄게 마련이지만 자세히 관찰하면 좋은 점이 보이기 시작한다. 그 사람의 존재를 인정하고, 그의 장점을 적극적으로 찾아내어 평가하는 행위가 칭찬이다.

결점, 단점을 추궁하기만 하면 실적이 더 좋아지기는커녕 오히려 의욕 상실과 위축만 불러온다. 하지만 사람은 다른 사람에게 제대로 평가를 받았을 때 기뻐하며 더 발전하려는 의욕이 생긴다. 성과뿐 아니라 과정이나 노력도 진심으로 칭찬을 한다면 효과는 훨씬 커진다.

예) 대학에서 성적을 평가할 때 A반은 활발한 반면 성적은 B반 보다 훨씬 못하고, B반은 차분한 분위기에서 수업태도도 좋고 성적이 매우 좋았다. 유독 A반은 쉬는 시간에 떠들고 팔팔 뛰며 놀아도, 고3을 벗어나 대학생활을 처음 시작한 1학년이기에 이해를 하였는데, 중간고사 결과가 B반에 비해 형편없이 낮게 나왔다. 정신 차리라고 전체적으로 야단을 치고 싶었지만, 머지않아 자격시험 취업준비로 인하여 시키지 않아도 스스로 공부를 열심히 하리라는 확신이 있었기에 면박을 주기 보다는 한명씩 개인적으로 불러 면담을 하였다. 시험기간 몇 주 전부터는 열심히 공부해야 하는 이유, 취업할 때 제출하게 되는 성적증명서의 중요성과 나중에 후회하지 않으려면 어떻게 해야 하는지, 스스로 인지할 수 있도록 이해시키고 그동안 느껴왔던 개인의 장점들을 칭찬해주었다. 그 결과 놀라운 일이 벌어졌다. A반의 기말고사 평균성적이 오히려 B반 보다 앞섰고 최우수 점수도 A반에서 나온 것을 보고, 역시 칭찬을 하면 어느새 단점이 사라지게 됨은 물론이거니와 피그말리온 효과가 대단하다는 것을 실감 하였다.

1. 효과적인 칭찬 기법

당사자가 없는 곳에서 그 사람을 칭찬하는 방법이 있다. 하지만 당사자가 없는 곳에서 칭찬 한다해도 전달이 안된다면 큰 의미가 없을 수 있기 때문에 언젠가는 본인에게 그 사실을 전해줄 만한 사람을 고르는 것이 비결이다. 다른 사람한테서 이 말을 들은 그 사람의 기뻐하는 얼굴이 눈에 선하다.

또한 칭찬은 이해관계가 없다고 생각하는 사람한테 들었을 때 기분이 더 좋아진다. 칭찬의 효과는 의외의 상황에서 그것도 예상치 못했던 사람에게서 들었을 때 효과가 크다. 칭찬을 아부라고 생각하는 사람들은 선뜻 칭찬을 하지 못한다. '칭찬은 고래도 춤추게 한다.' 라고 하듯이 칭찬은 듣는 사람을 즐겁게 한다. 지금부터는 상대방에게 좋은 점을 느끼면 바로 입 밖으로 끄집어내어 칭찬해 봅시다.

1) 구체적인 면을 칭찬을 한다

모호하고 추상적인 칭찬에 비해 구체적이고 분명한 칭찬이 진심을 전달할 수 있다. "실장은 괜찮은 사람이야" 보다는 "실장의 기획안은 간결하고 설득력 있어"라고 했을 때 더 효과적인 칭찬이다. 또한 칭찬에 대한 신뢰성을 줄 수 있다.

2) 마음을 담은 한마디로 간결하게 칭찬을 한다

- "놀랐습니다. 정말 OOO씨답군요. 훌륭합니다."
- "이런 방법도 있었군요. 역시 대단하십니다."

3) 여러 사람 앞에서 칭찬을 한다

칭찬을 할 때는 되도록 많은 사람들 앞에서 인정해주고, 평가하며, 칭찬한다면 주변 분위기도 좋아진다.

4) 사소한 것이라도 진심으로 칭찬한다

칭찬에 인색하게 되는 것은 사소한 장점을 무시하기 때문이다. 남들이 보지 못하는 사소한 장점들을 찾아 칭찬을 해주었을 때 의외로 효과가 있다. 거창하게 칭찬하려고 하면 오히려 역효과가 생길 수 있다. 솔직하게 자신의 생각을 말한다.

5) 당사자 주변 인물을 칭찬한다

내가 가족을 욕할 때는 괜찮아도 남이 같이 맞장구를 치며 욕할 때는 듣기 싫다. 당사자 주변사람을 칭찬하게 되면 듣는 사람은 분명 자신이 칭찬받지 않았음에도 흐뭇한 기분이 든다.

6) 당사자가 없는 곳에서 그 사람을 칭찬한다

언젠가는 본인에게 그 사실을 전해주는 사람이 있다. 다른 사람에게 이 말을 들은 당사자는 기뻐할 것이다.

TIP

병원에서의 칭찬

예) 내과에서 내시경검사를 하는 환자가 검사도중 구토와 메스꺼움으로 힘들어 해서, 협조가 안되어 순조롭게 검사를 진행 할 수 없었다. 겨우 검사가 끝나고 환자분 하시는 말씀이 "내가 못참고 고통스러워해서 미안해요." 그러자 직원이 하는 말 "그건 그래요. 검사하는데 힘들었어요."한다면 환자 마음은 어떨까? 이럴때에는 "별 말씀을. 더 힘들어하시는 분들도 계시는데 ○○님은 정말 잘 참으신거에요."라고 칭찬을 한다면 더욱 친근함을 느끼고 단골 고객으로도 이어질 수 있고 이러한 칭찬 한마디가 매우 효과적이다.

구체적으로 칭찬하는 요령

먼저 이름을 불러주고 칭찬한 것에 대한 이유와 증거를 말하고 더불어 질문까지 더한다.
예) 이름 : ○○씨!
　증거 : 오늘 옷차림 정말 잘 어울려요. 디자인과 색깔도 멋져요!
　질문 : 어쩜 이렇게 세련되게 옷을 잘 입는지 비결 좀 가르쳐 주세요.

구체적이지 못하고 무조건적인 칭찬은 오히려 실없는 사람으로 보이게 할 수도 있으므로 주의한다.

2. 8가지 칭찬 방법

① 대담 찬사법
  - 대담하게 칭찬 "선생님! 정말 멋있습니다."

② 단순 찬사법
  - 사실 그대로 본대로 느낀 대로 "목소리가 참 좋습니다."

③ 호칭변형 찬사법
  - "박사님!" "사장님!" (실제는 박사나 사장이 아니다)

④ 감탄 찬사법
  - "어쩜!.." "역시!.."

⑤ 반문 찬사법
  - "아! 그렇습니까? 놀랐습니다."

⑥ 비유 찬사법
  - 유명인이나 또는 같은 것에 비유하여 "아주머님의 눈은 마치 '나탈리 우드' 같아요."

⑦ 간접 찬사법
  - 소문이나 남의 이야기를 인용 "소문이 자자하시더군요."

⑧ 소유물 찬사법
  - 소유물이나 어린아이, 가족관계 "아드님이 정말 똑똑하시더군요."

5장

대화

1. 대화 매너

 의사를 효과적으로 표현하기 위해서 많은 사람들이 세련되고 훌륭하게 말할 수 있는 방법을 터득하기 위해 노력한다. 대화(對話)는 서로 마주 대하며 이야기하는 것을 의미한다. 대화를 할 때는 고객의 시선을 바라보며 대화 내용에 적절한 얼굴표정과 자세로 고객에게 말하는 것에 온 정신을 집중하고, 또한 적절한 언어적, 비언어적 표현을 사용하며 고객의 말을 끝까지 잘 들어주어야 한다.

 대화의 기본은 듣는 것으로부터 시작하며, 대화 시 자기의 말을 할 때에도 상대방을 배려하는 입정에서 대화를 진행해 나가야 한다. 대화태도의 5가지 원칙은 다음과 같다.

1) 대화태도의 5원칙

① 바른 자세로
② 상대를 바라보며
③ 긍정적인 생각으로
④ 끝까지 경청하며
⑤ 상황에 알맞게

매력 있는 대화 에티켓

① 자연스럽게 표현하고 상대편이 알아들을 수 있는 말로 한다.

② 겸허한 자세로 공손한 말을 쓴다.

③ 유머러스한 표현을 한다.

④ 침이 튀지 않게 한다.

⑤ 시선의 방향은 상대방의 미간을 보면서 말한다.

⑥ 긍정적으로 표현한다.

⑦ 표준어와 일상용어를 사용 한다.

⑧ 거짓이 아닌 진실한 표현을 한다.

⑨ 양식(훌륭한 식견과 판단력)에서 우러나오는 말을 한다.

⑩ 상대방 이익을 고려한 표현을 한다.

⑪ 밝은 표정과 온화한 표정으로 말한다.

⑫ 상대의 말을 공감적으로 경청한다.

⑬ 되도록 말은 적게 한다.

⑭ 발음을 정확히 하고 속도를 조절해 이해하기 좋게 말한다.

2) 성공적인 대화의 조건

대화는 상대적인 것이므로 상대에게 분위기 조성과 에티켓의 실천으로 배려하는 마음을 가져야 하며 대화의 일체감을 조성하여 공감대를 형성하는 것이 필요하다. 또한 상대방 처지에 서서 생각하고 말하며 듣고 있으므로써 상호간에 감정이입이 자연스럽게 되어야 할 것이다.

① 대화 분위기 조성

② 대화에티켓 염두

③ 공감대 형성

④ 인격의 교류

3) 효과적인 대화 분위기

① 긴장을 풀어준다.

② 유머의 감각을 슬기롭게 활용 한다.

③ 상대방 자존심을 세워준다.

④ 현재 상대방의 관심사를 화제로 말한다.

⑤ 동류의식을 자극해 나간다.

⑥ 감정이입을 잘해 나간다.

4) 단계별 대화의 기술

단계별 대화기술	특징	대화의 예
1단계 동기부여단계 인사말을 하라	초면이면 통성명을 하고 명함을 교환한다. 초면이 아니면. 상대방이 기억을 더듬을 수 있는 인사말을 하는 것이 좋다.	"OOO입니다. 안녕하십니까?" 또는 "매우 바쁘시지요. "언제 어느 때 어디서 뵌 적이 있는 OOO입니다."
2단계 친숙한 분위기를 만들어라	처음 5분 이내에 날씨나 자연현상에 대한 이야기로 긴장을 푼다.	"요즘 날씨가 OO하네요."
3단계 대화의 목적과 뜻을 말하라	일반적인 이야기가 아니라 찾아온 이유를 말한다.	"OOO 때문에 들렸습니다."
4단계 서로의 신뢰감을 확인하라	상대방을 너그럽게 만드는 단계이다.	"지난번 일로 저희 하는 일에 매우 도움이 되었습니다."
5단계 계기를 만들어라	자연스럽게 본론으로 진입하도록 연결시킨다.	"그런 것이 이번에도 필요하여……."
6단계 본론에 진입하고 본격적인 대화에 들어가라	본론에서 진지하게 대화가 되도록 한다.	
7단계 최종적인 조정과 확인을 하라	최종적으로 서로의 목적을 이루었는지 확인한다.	

8단계 감사의 인사를 하고 마무리 하라	목적이 달성되지 않았더라도 감사하다고 인사하여 다음의 기회가 생길 수 있도록 한다.

2. 업무의 추진력을 높이는 대화의 기술

비즈니스 의사소통의 기본은 누구나 알아들을 수 있는 용어로 정보를 알기 쉽고 간결하게 전달하는 능력이다. 이 능력이야말로 사회생활의 기본이며, 업무 추진력을 극대화하는 가장 좋은 방법이다.

1) 내용을 정리해서 순서대로 말한다

내용을 짧게 요약한 후 상대방이 듣고 싶어 하는 결과, 결론 등 중요한 사항부터 순서대로 이야기한다. 핵심 내용을 파악하면, 이야기의 흐름에서 벗어나지 않는다.

2) 구체적으로 말한다

내용을 빠뜨리지 않고 전달하려면 '5W2H'를 확인한다. 자신의 감정이나 의견보다는 사실을 중심으로 이야기한다.

3) 쉬운 단어로 말한다

전문 용어나 외래어, 어려운 단어를 피해 되도록 쉽게 말한다. 익히 아는 말로 바꾸어 명확하게 전달한다.

4) 상대방의 표정을 보면서 말한다

상대방이 정확히 이해하고 있는지, 흥미 있어 하는지 등을 살피면서 정중하면서도 쉽게 이야기 한다. 스스로 내용을 정확하게 이해하지 못한 상태에서 설명하면 상대방도 정확하게 이해할 수 없다. 만약 말하는 사람이 외국어를 그대로 사용하거나, 전문용어만 줄줄 나열한다면 전달할 정보를 제대로 이해하지 못했다는 증거이다.

5) 내용을 이해하면 쉽게 말할 수 있다

지리를 전혀 모르는 사람에게 전화통화만으로 병원 위치를 알기 쉽게 안내하는 일은 쉬운 일은 아니다. 물론 홈페이지의 주소를 참고하라고 응대하면 곤란하다. 자신의 머릿속으로 그림을 그려가면서 위치를 알려 주면 된다. 먼저 현재 계신 위치가 어디신지 교통편은 무엇을 이용하는지 여쭈어 보고 도보로 이동 가능할 경우에는 자신이 상대방의 처지라고 가장하고 그 위치에서 있다는 상상을 하며 설명하는 방법이다. "○○역 3번 출구로 나오십시오. 3번 출구로 나오시면 오른편에 ○○경찰서가 있습니다. 경찰서 끼고 오른쪽으로 돌아오시면 ○○은행이 있고 ○○은행 큰길 건너편 ○○유적지 담 끝으로 ○○병원이 있습니다."

역과 병원의 위치 관계를 하늘에서 내려다보듯 파악하고 있다면 머릿속으로 그림 속을 걷는다고 가정하고 그 길을 따라 걸으면 된다. 상대방에게 설명할 때 손으로 좌우의 방향을 확인하면 더 정확해진다. 전달하는 내용이 그림처럼 머릿속에 들어 있으면 알기 쉽게 전달할 방법은 얼마든지 있다. 이야기를 하기 전에 전달할 내용을 완전히 파악한 다음 하나씩 분해하라. 이런 과정을 거친 후에 그 내용을 상대방이 알아듣기 쉽게, 상대방의 수준과 상태에 맞게 재조합해서 이야기하면 된다.

6) 정확한 정보를 확실하게 전달하라

비즈니스 의사소통에서는 객관성 있는 정확한 정보를 확실하게 전달하는 자세가 중요하다. 업무상 중요한 약속을 할 때는 "납기일이 17일이었던가? 아마 내 기억으로는 18일이 맞을 텐데……." "200만원 아니었습니까? 선생님께서 딱 떨어지는 숫자라고 말씀하셨던 기억이 나는데요." 라는 식으로 부정확한 정보나 모호한 표현은 용납되지 않는다. 숫자에서 0을 하나 잘못 전달함으로써 초래할 수 있는 위험에 대해 생각해 보고 숫자와 고유명사에 세심한 주의를 기울여야한다

또한 이름을 잘못 말해서 곤란한 경우가 있거나 인간관계가 삐걱거릴 정도로 심각한 문제가 발생하는 경우도 수없이 많다. 실수하기 쉬운 부분을 미리 점검해 방지할 수 있도록 방법을 모색해야 한다.

7) '생각합니다.' 가 아니라 '입니다.'로 말하라

"당신의 의견을 말해주십시오." 라는 상대방의 진지한 물음에 대해 "뭐 그렇게 하는 방법도 괜찮다고 생각합니다. 다른 사람도 모두 그렇게 생각하지 않습니까?" 라며 자신의 책임을 회피하는 듯 한 말투를 사용하는 사람이 많다. 이런 식의 태도는 사회생활에서는 통하지 않는다.

"제 생각은 ○○입니다." "저는 ○○를 도입하기를 희망합니다."라고 자신의 의견과 태도를 명확하게 표명하는 책임감 있는 자세로 대답해야 한다. 만약 현재로서는 자신의 태도를 명확하게 밝힐 수 없어 좀 더 진지하게 생각해야 한다면 "지금 이 자리에서는 대답하기 곤란합니다. 오후 2시까지 시간을 주십시오. 그때까지 제 생각을 정리하겠습니다." "내일까지 결론을 잠시 보류해 주시겠습니까?"

8) 사실과 의견을 구분해 말하라

말이 많은 사람은 무책임한 발언을 하기 쉽다. 객관적인 사실을 이야기할 때 자

신도 모르게 개인적인 의견이나 주장, 감상을 포함해 말할 수 있기 때문이다. 사실과 자신의 의견을 뒤죽박죽 섞어서 이야기하면 듣는 쪽에서 정확한 판단을 내리기 힘들다. 사실을 중심으로 사실과 자신의 의견을 구분해 이야기한다. 의견을 내세울 때는 "제 의견입니다만", "제가 관측한 바에 따르면" 이라고 미리 말하는 편이 좋다.

3. 업무의 효율성과 신뢰감을 줄 수 있는 대화 방법

1) 업무상 필요한 내용을 미리 파악하면 이해하기 쉽게 말할 수 있다

업무에 필요한 사항을 미리 파악하지 못할 경우에는 본인의 생각으로 말을 하게 되거나 다른 직원에게 미루게 된다. 이러한 경우 상대방에게 불만이나 불편함을 줄 수 있으므로 업무를 확실하게 파악 한 후 상대방이 이해하기 쉽게 말을 하도록 한다.

2) 비즈니스 대화에 있어서는 정확한 정보를 확실하게 전달하자

사소한 사항 하나라도 구체적으로 정보를 직접 확인하여 정확한 내용을 전달한다. 직접 확인하는 과정을 거치게 되면 상대방이 의문을 제시할 때에도 정확성에 대한 자신이 있기 때문에 확신에 찬 대답을 할 수가 있다.

3) 구체적인 표현을 한다

① 고객은 친절하고 신속하게 정확한 서비스를 받고 싶어 한다. 그러므로 평소에 자주 질문을 받는 것은 미리 응답 내용을 잘 정리해 둔다.
② 막연하고 모호한 표현 대신 구체적이고, 생생한 표현을 한다.

③ 결론부터 말하고 부연설명을 한다.

병원에서의 좋은 표현과 좋지 못한 표현	
좋은 표현	좋지 못한 표현
① 네, ○○○진료는 보통 ○○○원에서 ○○○원입니다만, 정확한 것은 정밀검사 후 상담을 통해 말씀드리겠습니다. ② 5분 이내로 즉시 연락드리겠습니다.	① 글쎄요, 얼마더라…. ② 연락드릴 테니까 기다려 주십시오

4) 메모를 활용한다

필요한 사항은 메모해두고, 메모를 보며 정확하고 구체적인 정보를 전달한다.

5) 상대방의 말을 복창하라

상대방의 말만을 듣고 일처리를 하는 것 보다 상대방의 말에 확인을 하고 복창을 하는 경우에는 상대방으로 하여금 그 일을 완벽하게 처리할 것 이라는 신뢰감을 준다.

예) 고객 : "○○○입니다. 다음 주 수요일 2시에 예약하고 싶은데 가능한가요?"

직원 : "네." "가능합니다." 또는 "예약 해드렸습니다." 이와 같이 단답형으로 대답하는 것을 들은 적이 있다.

이러한 경우 고객은 원하는 날짜에 제대로 예약이 되어 있는지 미심쩍어 할 수 있기 때문에 "네, 가능합니다.○○○님 다음 주 수요일 오후2시로 예약 해드렸습니다." 또는 "다음 주 수요일 오후2시 예약 원하십니까? 네, 가능합니다. ○○○님, 예약해드렸습니다." 라고 확인 시켜드리는 것이 공손해보이고 좋다.

6) 잘못 전달될 가능성이 있는 단어는 다른 말로 바꾸어 쓴다

숫자 중에서 1(일), 2(이), 10(십)등 발음상 혼동하기 쉬운 것은 '하나', '둘', '열' 식으로 확인한다.

4. 대화 시 유의사항

우리의 일상 대화 시 다음 사항을 유의하여 상대방의 감정을 상하는 일이 없도록 하고 최소한의 에티켓을 엄수하여 융통성 있게 적용해야 할 것이다.

- 음성을 바르게 하고 어미를 명백히 한다.
- 성명, 수량, 일시, 장소 등은 천천히 명확하게 발음한다.
- 상대가 이해하지 못할 전문용어나 틀리기 쉬운 단어는 사용하지 않는다.
- 중요한 부분은 강조한다.
- 어떠한 경우라도 대화 중 언성을 높여서는 안 된다.
- 대화 중 절대로 저속한 언어를 사용해서는 안 된다.
- 불평, 불만을 함부로 떠들지 않는다.
- 독선적, 독단적, 경솔한 언행을 삼간다.
- 욕설, 독설, 험담을 삼간다.
- 매사 침묵으로 일관하는 것을 삼간다.
- 남을 중상 모략하는 언동을 삼간다.
- 특별한 경우를 제외하고 논쟁을 피한다.
- 자신을 함부로 뽐내거나 자랑하지 않는다.
- 공연히 남의 일에 참견하지 않는다.
- 쉽게 흥분하거나 감정에 치우치지 않는다.
- 아무 때나 자신을 한탄하는 말을 삼간다.

- 아주 특별한 경우를 제외하고 거짓말을 하지 않는다.
- 농담, 야유, 핀잔은 상황에 맞게 조심스럽게 사용한다.
- 매사 아는 체하는 것을 삼간다.
- 불분명한 의사를 표시하지 않고 분명한 의사를 표시한다.
- 매사 함부로 단정하지 않고 여유 있게 말한다.
- 일부분을 보고 전체를 속단하여 말하지 않는다.
- 도전적 언사는 가급적 자제한다.
- 상대방에 일방적이고 강제적인 언사를 피한다.
- 남을 비판하는 것을 자제한다.
- 상대방의 약점을 지적하는 것을 피한다.
- 남의 뒷담화를 하지 않는다.
- 상대방의 잘못을 함부로 지적하지 않는다.
- 남이 얘기하는 도중에 분별없이 차단하지 않는다.

5. 대화 시 금기사항

1) 시계를 자주 보는 버릇

① 대화중 자꾸만 시계를 보면 "다음 스케줄이 바쁜 모양이다." "내 이야기에 관심이 없는 모양이다." 라고 생각하므로 상대를 기분 나쁘게 만드는 일이며 또한 불안하여 말을 중단 시키므로 좋지 않다.

② 다음 약속시간이 정해져 있다면 대화를 나눌 수 있는 시간을 미리 정하고 미리 양해를 구하는 것이 좋은 방법이다.

2) 엉뚱한 곳을 보고 말하며 듣는 버릇

① 남이 이야기를 하는데 시선을 다른데 두거나 얼굴을 다른 곳으로 향하고 들으면 이야기에 관심이 없거나 자기를 무시하는 것으로 알기 때문에 삼가 해야 할 일이다.

② 말을 할 때는 상대를 바라보아 관심을 주어야 하며 때에 따라 응답을 하고, 표정이나 몸짓 등의 반응을 보이는 것이 좋다.

3) 개인적인 약점을 들추어 비위를 거스르는 말

가정형편, 학력, 실력, 경력 등으로 상대방을 형편없이 깎아 내리는 말이나 개인적이고 신체적인 비위를 건드리는 말은 삼가야 할 것이다.

3부

발표의 실제

1장

자기소개 하기

자기소개는 청중에게 자신이 어떤 사람인지 소개하는 것이다. '나에 관해서 솔직하게 말하면 되겠지'하고 안이하게 생각하면 곤란하다. 처음 보는 사람들이 선입견을 갖지 않도록 자신을 알리는 것은 자기소개의 목적이기 때문이다. 결과적으로 상대방에게 어떤 인상을 주느냐에 따라 자기소개의 성패가 결정되기 때문이다.

자기소개는 단체모임이나 처음 참석하는 자리, 입사나 입학 지원 시 면접관 앞에서 하는 경우 등 다양하게 자기소개를 할 기회가 있다. 지정된 시간 내에 자신을 알려야 하기 때문에 장황하게 자신에 대한 정보를 늘어놓기보다는 짧은 시간에 자기를 알리는 것이기 때문에 효과적인 내용으로 본인을 호감형으로 표현하는 것이 중요하다.

1. 자기소개 요령

니콜라스 부스먼 교수가 쓴 책 중에 90초안에 승부하라는 유명한 책이 있다. 니콜라스 부스먼 교수는 사람의 태도에 대한 연구 조사에서 사람은 한 가지 일에 2분 이상 주목하기 힘들다고 밝혔다.

일반적인 대화에서 한 사람의 이야기가 가장 듣기 좋은 시간은 45초이다. 1분 30초가 넘으면 듣는 사람도 약간 지루함을 느끼기 시작한다. 그렇기 때문에 자기를 소개할 때에는 가급적 45초를 넘기지 않는 것이 좋다. 또한 취업면접 시 1분 스피치 자기소개를 할 때에는 1분을 넘기지 않도록 주의하자.

입사나 입학 지원 시 하게 되는 면접의 자기소개는 이미 사전에 지원서를 제출했으므로 기본적인 신상 정보는 생략하고 자신의 성격과 포부, 가치관 등을 중점적으로 설명하는 것이 좋다.

새로운 모임자리에서의 자기소개

1. 감사의 인사와 함께 이름을 알린다. (10~15초)
• 천천히 또박또박 감사의 말과 반가움을 표현하고 자기 이름을 알린다.
• 공손의 말 감사의 말을 하면서 이름을 정확하게 알린다.
• 기억하기 좋게 직업과 연관된 나만의 표현이나 이름에 대한 에피소드를 활용해서 알리는 것도 좋다.

2. 특기와 취미 자신이 어떤 사람인지 알린다. (10~15초)
• 모임에 대한 자신의 느낌. 생각 감사의 뜻을 말한다.
  (입사 시에는 자신이 회사에 적임자임을 표현한다.)
• 성향. 태도, 가치관 등을 논리적으로 표현한다.

3. PR 형식으로 표현한다. (20~25초)

2. 자기소개 핵심 사항

① 활기찬 목소리로 자신의 이름을 기억할 수 있도록 성, 이름을 또박또박 말한다.
② 미소와 함께 친근한 시선으로 청중을 바라보며 편안한 마음으로 자기를 소개한다.
③ 취미, 특기, 사는 곳 등은 물론, 당당하게 자기 자신의 장점을 알린다.
④ 만남의 장소, 상황이나 목적에 어울리게 소개한다.
⑤ 인간관계의 계기를 만들 수 있도록 한다.

3. 상황별 자기소개 하는 방법

1) 모임장소에서 하는 자기소개

"안녕하십니까? ○○○입니다."

"만나 뵙게 되어 반갑습니다."(정중하게 고개를 숙이며 인사한다.)

"저는 ○○병원 ○○과에 근무하고 있습니다."(저의 직업은 ooo입니다.)

"그리고 집은 (   )에 살고 있습니다."

"○○○소개로 참석하게 되었고 함께 하는 시간동안 많은 것을 얻어갈 수 있는 유
   익한 시간이 되고 또 좋은 인연이 되었으면 좋겠습니다. 감사합니다."

2) 방문 장소에서 하는 자기소개

인사말 → 소속 → 부탁인사 순으로 한다.

"처음 뵙겠습니다." + "회사명, 부서명, '이름" + "잘 부탁드립니다."

예) "안녕하십니까? 처음 뵙겠습니다." ☞ 상대방의 눈을 바라보면 씩씩한 목소리로 말한다.

★ 중요한 또 한 가지!

"저는   ○○병원 ○○과에서 일하는 ○○○입니다.

"앞으로 잘 부탁드립니다."

3) 공식석상에서 하는 자기소개

"안녕하십니까? 반갑습니다. 저는 사람과의 관계를 소중하게 생각하는 ○○○입니다."

"저는 ○○ 병원 ○○과에서 일하고 있습니다. 저는 제 직업에 자긍심을 갖고 있으며 '언제 어디서든 꼭필요한 사람이 되자'는 것이 저의 좌우명입니다."

"오늘 이 만남의 시간이 우리 모두에게 즐겁고 유익한 시간이 되기를 바랍니다."

"끝까지 관심 있게 들어주셔서 고맙습니다."

2장

프레젠테이션

1. 성공적인 프레젠테이션

과거와 달리 요즘에는 간단한 보고서나 기획안, 견적서를 형식적으로 제출하지 않고 프레젠테이션을 통해서 프로젝트를 진행하는 경우가 많다. 프레젠테이션을 잘하기 위해서는 무엇보다 자신감이 중요하다. 그러기 위해서는 보고서의 핵심 내용을 파악하고 논증 과정에 대한 철저한 준비를 해야 한다. 처음부터 프레젠테이션 전체의 길이를 생각해 두고 얼마만큼의 시간 동안 설명할 것인가를 미리 정해두면 만약 이보다 길어진다고 해도, 듣는 사람이 지루하지 않게 할 수가 있다. 또한 자연스러운 프레젠테이션을 위해서는 발표자가 그것을 외우기만 해서는 안되고, 핵심을 파악하고 있어야 프레젠테이션 중간이나 끝에 나오는 청중의 질문에 그때그때 적절한 답변을 할 수가 있다.

프레젠테이션을 성공적으로 마치는 방법

① 발표하는 사람이 주제, 내용을 잘 이해하고 있어야 한다.
② 발표하는 사람이 듣는 사람에게 메시지를 명확하게 전달해야 한다.
③ 듣는 사람이 그 메시지를 정확하게 이해를 하여야 한다.

2. 프레젠테이션 핵심 포인트

1) 프레젠테이션의 목적확립

프레젠테이션의 목적을 명확히 한다. 다음 세 가지 포인트만 확정하면 프레젠테이션의 골자가 결정된다.

(1) 간단한 부분부터 결정한다

'무엇을, 무엇을 위해, 누구에게' 이 세 가지가 프레젠테이션의 핵심이므로, 확실히 파악해 두지 않으면 최종목적이 불투명해지기 쉽다.

(2) 내용을 파악하자

무엇을 프레젠테이션 할 것인가를 정하자.

(3) 목적

구체적인 목적을 명확히 해두어야 한다. 이벤트일 경우 무엇을 중심으로 PR할 것인지, 경쟁사 및 경쟁자의 상황은 어떤지, 즉 무엇을 주장하는 것이 프레젠테이션의 목적인지 구체적이고 명확하게 해두어야만 한다.

(4) 대상

상대에 따라 프레젠테이션의 내용이 크게 달라지므로, 누구를 상대로 하는 프레젠테이션인지 명확히 하자.

자료 수집

모을 수 있는 최대한의 자료를 모으자. 쓸모없다고 생각했던 아이디어나 소재도 나중에 활용 가능하다!

① 프레젠테이션 아이디어를 확립한다

아이디어를 뽑아내는 수단으로는 우선 자료를 많이 모으는 방식이 좋다. 적은 정보에서 아이디어를 짜내는 것보다는 어쨌든 대량의 정보를 모아두고, 그것을 입력한 다음에 생각하는 것이 쉽기 때문이다.

② 효율적으로 정보를 모으는 방법

프레젠테이션의 정보나 자료 수집은 기획안 만드는 방법과 비슷하다. 양쪽의 경험이 모두 적다면 상당히 어려울 수 있다. 제일 간단한 자료 수집부터 시작한다.

3. 프레젠테이션의 전체 순서 파악하기

프레젠테이션의 성공 여부는 우선 전체적인 순서 파악에 달려있다. 특히 프레젠테이션 경험이 적으면, 무엇부터 시작해야 할지 헤맬 수밖에 없다. 또 항상 프레젠테이션을 반복하고 있는 숙련자라 할지라도, 잠깐의 실수로 중요한 작업을 누락하는 경우가 종종 있다.

1) 프레젠테이션의 상황 파악하기

프레젠테이션을 진행해 가는데 있어서 필요한 모든 상황을 파악하기 위한 것이다.

(1) 프레젠테이션 목적확립

프레젠테이션 진행을 고려하면서, 데이터 작성과 하드웨어를 연계한 작업의 순서를 파악하고 프레젠테이션의 최종목적을 확인하는 것부터 시작하자.

(2) 시간제한 확정

프레젠테이션에 사용할 시간을 정한다. 1시간인지 30분인지, 빨리 정하지 않으면 준비가 어려워질 수 있다.

(3) 내용 확인

데이터의 초안이 완성된 시점에서 내용을 확인한다.

(4) 말하기 연습

데이터를 완성한 후 경험과 자신이 있더라도 한번쯤은 연습해 보는 것을 잊지 말아야 한다.

(5) 발표 연습

장비 설치까지 끝난 단계에서 전체적인 리허설을 해본다.

2) 소프트웨어 작성

파워포인트로 프레젠테이션 데이터를 작성하는 작업이다.

(1) 아이디어 수집

설득력 있는 프레젠테이션을 위해 가지고 있는 모든 아이디어와 자료를 수집한다.

(2) 아이디어 확정

많은 아이디어 중에서 사용가능한 자료들을 확정한다. 그래프와 사진 등의 시각 자료가 필요하다면, 이 단계에서 준비해야 한다.

(3) 스토리 작성

전체 시간을 고려해서 스토리를 구성한다. 페이지 수와 기승전결도 염두에 둔다. 발표 초기에 청중의 관심을 끌고 확실하게 메시지를 전달하고 성공적인 프레젠테이션의 구성 순서는 결론-본론-결론으로 하는 것이 좋다.

(4) 초안 작성

디자인에는 신경 쓰지 말고, 내용을 빼놓지 않고 제작할 프레젠테이션의 초안 슬라이드를 작성한다.

(5) 데이터 완성

시각 자료를 완성하고, 디자인을 적용하고 나면 파워포인트 슬라이드가 완성된다. 늦어도 프레젠테이션을 실시하기 일주일 전에는 완성해야 한다. (배포용 자료 인쇄가 가능한 상태)

(6) 데이터 수정

연습과 주변의 조언을 참고해서 데이터를 수정한다. 이 단계에서 오자와 탈자를 체크해야 한다.

(7) 예행연습

애니메이션을 사용할 때는 정확한 타이밍에 동작하는지 파워포인트 상에서 데이터가 제대로 동작하는가를 확인한다.

3) 발표 장소 준비

빔 프로젝터와 PC, 발표 장소

(1) 발표 장소 확정

프레젠테이션을 진행할 장소를 정한다.

(2) 장비 물색

PC와 빔 프로젝터 등 필요한 장비를 준비한다.

(3) 장비 배치 테스트

회사에서 사용하고 있는 장비라 할지라도 불시에 고장이 날 수 있기 때문에, 정상적인 동작 여부를 사전에 체크해 두어야 한다.

(4) 담당 스태프 확인

자료 배포나 접수 등을 다른 스태프가 담당할 때는, 누가 담당하는지 확실하게 확인해두어야 실수를 하지 않는다.

(5) 자료 인쇄

데이터를 완성하면 배포할 자료를 인쇄한다. 배포 자료를 흑백으로 복사나 인쇄를 할 경우 슬라이드의 컬러 글자 부분이 잘 보이질 않을 경우가 발생하니 주의해야 한다.

4. 효과적인 프레젠테이션

1) 유의 사항

① 목차를 일목요연하게 작성한다.

② 가급적 글자는 적게, 시청각 자료는 많이 제시한다.

③ 복잡하고 현란한 파워포인트 디자인은 피한다.

④ 청중의 질의를 예상하고 이에 대한 답변을 준비한다.

2) 적절한 프레젠테이션 시간

다른 제약 조건들을 고려하지 않을 경우, 프레젠테이션 시간은 어느 정도가 적절한 것일까? 게이오 대학의 사카키 히로부미 교수는 3-분 정도면 집중할 수 있다고 대답했고, 와세다 대학의 야스자키 노리오 교수는 10분에서 15분 정도였다. 절제하는 방법과 말하는 법 등, 프레젠테이션 테크닉에 따라 많이 변하게 된다.

(1) 프레젠테이션에 자신이 있는 경우

완성도 높은 스토리를 바탕으로 30~40분 정도를 집중력 있게 진행하는 것도 가능하다. 물론 가능한 한 짧게 끝낸다는 것을 전제로 한 후의 이야기이다.

(2) 초보자의 경우

프레젠테이션 초보자인데다 말하기에도 자신이 없다면 10분에서 15분 안에 끝내야 한다. 길어지면 그만큼 호소력 및 설득력이 떨어진다. 군더더기는 생략하고, 말하고 싶은 것만 짧은 시간에 적절하게 전달해야 한다.

(3) 일반적인 프레젠테이션

현실성을 고려한 최적의 프레젠테이션 시간은 20~30분이라 생각한다. 프레젠테이션 시작 전의 인사말, 끝난 후의 질의 시간, 답례 인사 등을 전부 합하면 40~60분 정도로 늘일 수 있다.

최적의 프레젠테이션 시간 배정

프레젠테이션 시작	
인사말	2~3분
배경 설명	5~8분
핵심 내용	20분
질의 시간	10분
답례 인사와 덧붙이는 말	3~5분

5. 프레젠테이션을 성공하기 위한 10가지 방법

① 20분 안에 끝낸다.

② 내용을 절제하고, 도입부와 종결부에 인상적인 효과를 연출한다.

③ 상대에 따라 타이밍이 다르게 결론을 제시한다.

④ 슬라이드 한 장은 3개의 요소 이내로 구성한다.

⑤ 모양은 좋아도 사용을 자제해야 할 서식을 숙지한다.

⑥ 설득력 있는 그래프 작성의 달인이 되어야 한다.

⑦ 색이 지니는 의미를 숙지하고, 대상에 따라 구분해서 사용한다.

⑧ 가독성을 고려하여 28포인트 이하의 문자는 되도록 사용을 자제한다.

⑨ 사람은 1초에 4문자를 읽을 수 있다. 한 행에 12~5문자를 배치한다.

⑩ 소리를 내서 연습해라. 이보다 더 좋은 것은 없다.

6. 파워포인트 작성 후 발표하기

1) 발표 시 지켜야 할 점

① 철저한 준비와 리허설을 해야 한다.

② 시간을 엄수해야 한다.

③ 단정한 용모와 복장을 갖추어야 한다.

④ 변명을 하지 말고, 감동과 신뢰감을 주어야 한다.

⑤ 지나치게 많은 내용을 나열하지 않고 간단명료하게 전달해야 한다.

⑥ 자신의 언어로 올바른 화법을 구사해야 한다.

⑦ 테크닉에 치중하지 않고 목소리와 동작에 유의해야 한다.

⑧ 청중으로부터 시선을 떼지 않고 마주 한다.

2) 발표 연습하기

많은 사람들 앞에서 말을 잘하기 위해서는 전력으로 연습할 수밖에 없다. 연습을 거듭함으로써 자신감이 생긴다.

(1) 구체적으로 연습하기

연습은 PC 화면으로 프레젠테이션 자료를 보면서, 순서대로 진행해 나가면 된다. 부끄러워하지 말고 소리를 내서 말하는 것이 중요하다.

(2) 천천히 말하자

익숙하지 않으면 초조하고 말하는 속도가 빨라져 버린다. 또한 연습을 거듭해도 빨라지는 경향이 있다. 항상 의식적으로 천천히 말하도록 한다.

(3) 말하기를 잠시 멈춘 다음, 여유를 가지고 진행하자

여러 포인트에서 말하기를 잠시 멈춘 다음, 여유를 가지고 진행하자. 물론 타이틀로만 구성된 슬라이드 등은, 곧장 다음으로 진행하면 된다.

(4) 시간을 지정한 연습방법

파워포인트에는 한 장의 슬라이드를 일정 시간에 넘기는 기능이 있다. 이 기능을 이용하면, 의도하던 길이대로 말하는 연습을 할 수 있다.

(5) 프레젠테이션의 말하기 적정선

또렷하게 큰 목소리로 연습을 한다. 자신이 없다면 완전한 대본을 만들어서 책상 위에 두고, 그대로 읽어 내려가면 된다.

(6) 실수를 했을 때

실수를 하거나, 막히거나 하는 경우에는 당황해서 수습하려 하지 말고, '죄송합니다.'라고 한마디 사과의 말을 하자. 그리고 솔직하게 사실대로 말하는 것이 좋다.

(7) 질의응답

질문이 집중되기 때문에 프레젠테이션이 끝나고 긴장을 풀어서는 곤란하다. 청중의 의문사항을 듣고 답을 해준다.

자신감 있는 표현 사용하기

… 라고 생각 한다 → … 이다.
… 하는 편이 좋다 → … 해야 한다.
… 지도 모른다 → 꼭 … 이다.

피해야 할 표현

① 부정적인 표현

② 자신을 과장하는 표현

③ 경박한 표현

④ 인격을 손상시키는 표현

⑤ 청중을 무시하는 듯 한 표현

⑥ 신체적 정신적 결함과 관련된 표현

⑦ 정치적 견해를 드러내는 표현

⑧ 논쟁을 야기할 수 있는 표현

⑨ 특정종교나 지방색이 강한 표현

피해야 할 말들

① 갑자기 지명을 받아서…

② 별로 아는 것도 없는 제가…

③ 실은 제가 과분하게…

④ 이야기 솜씨가 서툴러서…

⑤ 시간이 한정되어 있어서…

(8) 가상 답안지를 제작

프레젠테이션에 임하기에 앞서, 어떤 질문이 나올지 예상하고 발표 내용에 관련된 가상 답안지는 반드시 제작해 두어야 한다. 질문이 예상되는 어려운 포인트에 대해서는, 이해하기 쉬운 추가 설명이 준비되어 있어야 한다.

(9) 대답할 수 없는 질문

대답하기 곤란한 질문사항에 관해서는 대충 대답하지 말고 분명하게 그 자리에서 거절해야 곤란해 지지 않는다. '죄송합니다. 그 질문에 대한 답변은 지금 말씀드리기 곤란합니다.' '죄송합니다, 숙제로 해 두겠습니다.'라고 대답할 수밖에 없다. 물론 나중에 확실히 처리해야 한다. 그러나 복수의 스태프가 프레젠테이션을 진행한다면, 자신 이외의 누군가가 대답할 수 있는지 확인하자. 상사가 동석해 있다면, 상사에게 부탁하는 방법도 있다.

(10) 끝맺음

감동적인 메시지와 함께 감사의 말로 프레젠테이션을 마친다.

7. 파워포인트 작성 시 참고사항

프레젠테이션에서 파워포인트는 신경 써야 하는 부분이다.

요즘에는 컴퓨터 프로그램에 있는 기본적인 디자인 외에도 자신이 선호하는 디자인을 택해서 쓰는 사람이 많다. 이때 주의할 것은 지나치게 복잡하거나 화려한 디자인은 피해야 한다는 것이다. 파워포인트 디자인은 발표 내용을 부각시킬 수 있도록 단정하면서도 세련된 것이 좋다. 프레젠테이션에서 중요한 것은 디자인이 아니라 알차게 구성된 내용이다. 화려하고 복잡한 디자인으로 청중의 시선을 빼앗기게 되면 발표자의 발표 내용에 집중하지 못하게 되므로 발표자는 발표 내용을 충실하게 작성하고 이를 효과적으로 강조할 수 있는 깔끔하고 단정한 디자인을 택해 파워포인트를 만드는 것이 좋다.

전체적인 구성은 인사말, 배경 설명, 핵심 내용, 결론으로 작성한다. 프레젠테이션 초보자의 경우, 설득 효과를 생각해서 변칙적으로 구성하면 실패하기 쉽다. 우선은 무난함을 최우선으로 해야 한다.

1) 파워포인트에 사용 할 대표적인 색의 의미

(1) 적색

적극적으로 행동하게 하는 색. '계약해 주십시오.' '이것밖에 없습니다.'라는 때에 사용하면 좋다. 단, 태도가 너무 강해서 미움 받을 수 있다는 단점이 있다. 흰색이 많으면 중화되는 효과가 있으므로 적당하다.

(2) 핑크색

여성 또는 성적인, 몸에 좋음, 건강 등의 의미가 다른 색보다 강하다. 상품 내용이 이런 의미와 관련이 있다면, 해당 페이지의 제목이나 도움말의 색인 등에 사용하는데 적합하다. 단, 받아들이는 쪽의 결정이 둔해지는 경우가 있다. 이를 방지하기 위해 보다 충실하게 설명해야만 한다.

(3) 노란색

즐겁다, 간단하다 라는 이미지이지만, 유치하게 보일 수 있다는 점이 약점이다. 하지만 희망을 찾아낸다는 느낌을 준다. 뭔가 좋은 힌트가 있을지도 모른다고 생각하기 쉽고, 낙천적인 사람을 끌어들이기 쉽다.

(4) 오렌지색

밝고 활동적인 색. 흥분시키거나 도전적인 의사를 표현하는 장면에 적합하다. 즐겁다, 간단하다 등의 활발한 이미지이다. 약점으로는 친숙해지기 쉬워 천박해 보일 수 있다. 고급스러운 느낌도 떨어진다.

(5) 보라색

신비, 미스터리, 아름다움, 절제미, 꽃과 같이 향기로운 이미지로 가장 여성적이다.
약점은 여성적이고 섹슈얼한 이미지가 지나칠 수 있다는 점. 미스터리를 수상함, 오컬트, 초현실적 등으로 받아들여질 가능성도 내포하고 있다. 종교적이며 보석류 등에는 상당히 유용하다. 현실적인 데이터를 포함한 내용을 표현하는 데는 부적합하다.

(6) 녹색

자연스럽고 편안하며 부드럽고 섬세한 서비스라는 느낌을 준다. 단, 헤매기 쉬우므로 '잘 봤습니다. 감사합니다. 다음에 또 오겠습니다.' 라며 프레젠테이션이 그대로 끝나버릴 위험이 있다. 결단성이 떨어짐으로 결정적인 장면에 사용하기에는 부족할 것이다.

(7) 청록색

터키석이나 산호의 이미지를 떠올리기 바란다. 독립심을 고취시키며, 자연스러운 밸런스가 유지된다. 사고와 행동이 일치한다는 이미지로써 다양하게 활용할 수 있는 색이다. 로맨티스트에게도 쉽게 받아들여지며, 남녀 모두에게 좋은 인상을 주는 안전한 색이다.

약점은 당연히 밝은 색을 사용하게 될 것이므로, 주변에 엷은 청색이나 청색이 많으면 청록색을 사용하는 의미가 없어진다는 점이다.

(8) 청색

지적이고 정확한 정보, 신뢰, 높은 기술력 등 이미지를 담고 있다. 또한 남성적이며 공식적인 인상을 준다.

약점으로는 인간적인 맛과 부드러움, 자연스러움이 떨어진다. 청색을 넣은 상태에서 숫자만 많이 사용하면 인간미가 떨어진다. 이를 줄이기 위해서는 베이지색이나 연주황색, 오렌지, 핑크와 같은 색을 적절한 부분에 삽입하면 좋다.

2) 배포자료 인쇄

프레젠테이션 발표회장에서는, 필히 자료를 인쇄해서 배포하게 된다.

(1) 작성할 인쇄물

프레젠테이션에서는 발표 장소에서 자료를 배포하는 것이 일반적이다. 자신이 발표하기 위한 대본도 인쇄해 두기 바란다. 이것은 발표 시의 주의점 등을 메모해 두기 위한 자료로써, 혹시라도 발표할 내용을 잊었거나 했을 때 도움이 된다.

(2) 발표용 대본을 인쇄한다

발표용 대본은 슬라이드 노트 기능을 사용하면 편리하다. 슬라이드의 하부에 코멘트 등을 입력할 수 있는 표시 기능으로, 많은 사람들이 이미 적절하게 사용하고 있다.

하부에는 여유 공간이 있으므로, 우선 발표 시에 말할 내용을 입력해 둔다. 이것을 읽으며 연습하는 동안, 말하는 법 등에서 여러 가지 첨삭할 부분이 생김으로, 빨간 펜으로 수정해가면 된다.

(3) 배포할 슬라이드를 인쇄한다

슬라이드의 내용을 그대로 인쇄해서 배포하는 것도 일반적이다.

(4) 배포할 슬라이드의 적절한 크기

서식의 문자 크기를 고려하고, 빔 프로젝터 투영시의 가독성을 생각하면, 문자 크기는 대체로 28포인트가 최적일 것이다.

[부록]

취업전략

1. 면접

1) 면접이란

면접이란 면접관이 이미 제출된 채용 응시자의 이력서 및 자기소개서를 면밀히 검토한 후 서류전형만으로는 파악할 수 없는 응시자에 대한 사고방식과 태도, 잠재 능력, 사고력, 성격, 일에 대한 의욕과 관심도 등 종합적인 것을 평가하는 것이다.

2) 면접의 중요성

최근 몇 년 사이 업종을 불문하고 면접 준비의 중요성은 두말할 필요가 없는 화두가 되어버렸다. 왜냐하면 면접은 사람과 사람의 만남인데 그것도 아주 짧은 시간의 만남인지라 첫 이미지가 중요하고 어떤 사람으로 보이는지가 당락의 관건이 되기 때문이다. 면접은 내가 어떤 의지와 열정을 가지고 지원을 했는가를 온몸으로 표현하는 자리다. 서류전형과 필기시험을 통과했어도 면접에서 떨어지는 구직자들이 있다. 다른 지원자들과 비슷하게 대답한 것 같아도 결과는 '합격'과 '불합격'으로 판가름 된다. 이렇듯 면접은 최종단계에서 매우 중요하다.

지원한 회사 도착과 동시에 면접시험이 시작되므로 도착하는 그 순간부터 자신의 행동을 평가하는 사람이 있다는 생각을 갖고 침착하게 행동해야 한다. 또한 면접 대기중 휴대폰을 사용하는 것은 삼가한다. 면접관은 대기실에서부터 퇴실까지 모든 행동을 평가하기 때문이다. 정해진 시간보다 10분 내지 15분 일찍 회사에 도착하여 입사지원자 출석 현황에서 자신의 이름을 반드시 확인한 후 안내에 따라 대기실로 가서 기다리는 것이 좋다. 이때 휴대폰의 전원은 꺼두어야 할 것이다.

3) 면접 시 주의 사항

① 지각은 절대금물이다.

② 앉으라고 할 때까지 앉지 말라.

③ 면접위원이 서류를 검토하는 동안 말하지 말라.

④ 면접관의 질문이 떨어지자마자 바쁘게 대답하지 말라.

⑤ 면접실에 타인이 들어올 때 절대로 일어서지 말라.

⑥ 시선을 다른 방향으로 돌리거나 긴장하여 발장난이나 손장난을 하지 말라.

⑦ 혹시 잘못 대답하였다고 해서 혀를 내밀거나 머리를 긁지 말라.

⑧ 질문에 대해 대답할 말이 생각나지 않는다고 천장을 쳐다보거나 고개를 푹 숙이고 바닥을 내려다보지 말라

⑨ 자신 있다고 너무 큰 소리로, 너무 빨리, 너무 많이 말하지 말라.

⑩ 쾌활한 것은 좋지만 지나치게 경망스런 태도는 취업에 대한 의지가 부족해 보인다.

⑪ 대화를 질질 끌지 말라.

⑫ 과장이나 허세로 면접위원을 압도하려 하지 말라.

⑬ 은연중에 연고 및 자기 과시하지 말라.

⑭ 최종결정이 이루어지기 전까지 급여에 대해 언급하지 말라.

4) 면접관이 보는 체크포인트

면접위원은 다양한 경력과 특성을 가진 여러 유형의 사람들이 함께 면접위원으로 구성되어 대화를 하고 질문을 던지면서, 이력서에 명시된 내용을 파악하고 회사에 수익을 가져다 줄 인재를 뽑는다.

(1) 첫 인상 (용모복장, 밝은 표정과 미소 등)

항상 미소가 깃들어져 있는 사원은 조직 구성원들 사이에서의 업무협력과 지원 측면에서도 긍정적이다.

면접 시 첫인상은 매우 중요하다.

(2) 성실성, 진실성, 협조적

말하는 태도나 표정을 보면 그가 얼마나 진지하고 성실한가를 파악할 수 있다. 면접위원은 대체로 3~5년 이상 직장생활을 한 간부 사원들이므로 조직 내에서 사람들을 대하고 판단하는데 숙련되어 있다. 지원자가 아무리 임기응변이 뛰어나고 언어표현력이 좋아도 그가 진실을 담아 자기의 의지를 표현하는가를 알 수 있다. 또한 조직 부적응으로 협조성이 부족하지는 않은지 관심을 갖는다.

(3) 외국어 구사능력과 적정한 직무 활용성

TOEIC이나 TOEFL 점수가 높은 지원자에게 영어로 말을 걸어 보면 우물쭈물하며 자기 의사를 적절하게 표현하지 못하는 사람이 많다. 그러므로 구체적인 계획을 검증하고, 장차 회사에서 활용할 분야가 어느 쪽인가를 확인하기 위해서 면접을 본다. 이는 직접 만나서 이야기 하지 않으면 발견되기 어려운 부분이다.

(4) 직무수행 능력과 적극성

아무리 학력과 경력이 화려하다고 해도 지원자의 능력이나 적극성을 이력서에 명시된 글의 내용만으로 파악하기 어렵기 때문에, 말을 걸어 보고 대답하는 자세와 얼굴표정, 유연한 태도와 예의범절, 도전정신 등을 파악하려고 한다.

(5) 조직 적응력과 판단력

자신의 주장이 너무 강하거나 편협한 사고로 타인과 협력해야 할 업무에 지장을 초래하는 경우가 있다. 순간적인 판단이 흐려서 항상 오류를 범하기도 한다. 더욱 복잡한 질문을 던져 정확한 답을 요구하고 좀 더 어려운 상황을 만들어 해결방안을 이끌어 내고자 한다.

기업별 인재상

요즘 취업이 어렵다고는 하지만 정말 자기가 하고 싶은 일에 대한 장기적인 안목은 매우 중요하다. 먼저 자신의 관심분야가 무엇인지, 어떤 기업에서 어떠한 일을 하고 싶은지를 확실하게 정하고 미리 미리 준비를 한다면 좋은 결과를 얻을 것이다.

기업에서는 업종, 분야별로 다양하게 인재를 뽑는 기준이 특징적으로 다르기는 하지만 통상요즘 취업이 어렵다고는 하지만 정말 자기가 하고 싶은 일에 대한 장기적인 안목은 매우 중요하다. 먼저 자신의 관심분야가 무엇인지, 어떤 기업에서 어떠한 일을 하고 싶은지를 확실하게 정하고 미리 미리 준비를 한다면 좋은 결과를 얻을 것이다.

기업에서는 업종, 분야별로 다양하게 인재를 뽑는 기준이 특징적으로 다르기는 하지만 통상적으로 인재를 뽑는 기준은 다음과 같다.

- 빠른 두뇌와 창의력, 진취성을 가진 자
- 명확한 목표와 목적의식을 가지고 부단히 노력하는 자
- 폭넓은 사고와 지속적 혁신을 지향하는 자
- 긍정적 사고로 조직목표를 달성하는 창조적 협조자
- 끊임없는 자기개발로 새로운 가치를 창출하여 자기분야에서 최고를 실현 할 수 있는 사람
- 글로벌화 된 교양을 갖추고 정보화시대에 걸 맞는 미래지향적 사고를 추구하는 사람
- 강한 열정과 도전으로 탁월하게 업무결과를 창출하는 사람
- 업무에 대한 열정과 핵심역량을 보유하고 탁월한 창의력을 발휘하여 최고의 가치를 창출하는 일등인재
- 논리적 사고를 통해 문제를 해결하는 사람
- 자기목표를 정하고 목표를 향해 성실히 정진할 수 있는 사람
- 끊임없이 새로운 것을 개발하고, 새로운 방법을 모색하는 창의적이며, 혁신적인 마인드의 소유자
- 열정적으로 일에 대해 도전하고 성취하려는 기본자세를 갖춘 사람
- 작은 성과를 크게 포장하지 않으며, 책임감으로 매사에 임하며, 사람들 간의 신뢰를 만들어 나가는 사람
- 자기가 하는 모든 일을 적극적으로 열심히 수행하는 사람
- 새로운 아이디어를 창출해 낼 수 있는 능력을 갖춘 사람
- 항상 고객의 입장에서 고객이 원하는 최고의 가치를 창출하고 고객에게 헌신하는 서비스 정신을 갖춘 사람
- 두 명이 일을 하면서 세 명 이상의 몫을 하는 사람
- 함께 할 때 서로의 능력을 극대화 시켜주는 사람
- 실력을 키우기 위해 끊임없이 노력하는 젊은이
- 창의력이 풍부한 사람

예) 병원 취업의 경우

국내 병원에서 진료와 치료를 받고자 하는 외국인 환자들이 부쩍 늘었다. 의료관광 코디네이터가 아니더라도 병원에 취업을 하고자 할 때에는 의료 및 관광 분야의 지식은 물론이거니와 영어를 비롯한 중국어. 일어 등 외국어 실력은 갖추었다면 취업에 큰 도움이 될 수 있을 것이다.

기업의 인재상에서도 알 수 있듯이 팀워크는 무엇보다 중요하고 새로운 기술과 지식을 배우는 노력을 끊임없이 하지 않으면 경쟁에서 도태될 수 있다. 초봉과 근무지에 연연하지 말고 자신이 하고자하는 일에 긍지와 자부심을 가지고 있다면 분명 직장생활도 성공적으로 할 수 있을 것이다.

취업 전략

원하는 곳에 취업을 하려면 사전에 준비해야 할 3가지가 있다.

① 자기 자신에 대한 분석을 해야 한다
내가 뭘 원하는지, 무엇을 하고 싶은지, 무엇을 잘할 수 있는지 등에 대한 객관적인 분석을 한다.

② 대상 기업에 대한 분석을 해야 한다
내가 원하는 것을 충족시켜 줄 수 있는 가능성이 있는지, 미래의 비전은 어떠한지 등 비교 분석한다.

③ 취업에 대한 자신만의 전략을 구성해야 한다
먼저 취업을 한 선배의 조언 등을 통해서 자신만의 전략을 짜고 역량을 보여주도록 한다.

2. 면접 성공하기

　지원자가 자신감과 능력을 갖추고 있다 하더라도 인사 담당자들은 윗사람을 존중하는 겸손함이 몸에 배어있는 밝은 표정의 인재를 원한다. 또한 면접 응시자의 자세와 행동 등은 언어적인 것보다 매우 중요하다. 인사 담당자에게 전달되는 태도가 당락 여부를 판가름하는데 영향을 미칠 수 있기 때문이다.

1) 면접 시 유의 사항

(1) 지원동기와 입사 후 포부를 명확히 한다

　왜 일을 하는지, 왜 이 회사에 들어오려고 하는지, 회사에 들어가서 무엇을 하고 싶은지 파악한다.

(2) 면접관의 눈을 바라보면서 이야기하는 것이 좋다

　상대의 눈을 중심으로 얼굴 전체를 바라보면서 이야기한다.

(3) 표정관리에 신경 써야 한다

　몇 초안에 외형적인 모습에 의해 평가가 끝날 수 있으므로 면접 대기실에서 흐트러진 자세는 감점 요인이 됨으로 주의한다. 또한, 어려운 질문이 주어지더라도 얼굴표정에 변화를 주지 말고 끝까지 듣는 진지함을 갖자.

(4) 질문한 면접관을 바라보면서 답변할 것

　면접관이 여러 명인 경우는 질문한 상대를 바라보면서 답변하는 것이 좋다.

(5) 「죄송하지만 다시 한 번 질문해 주십시오.」라고 부탁한다

　질문의 의미를 잘 이해할 수 없을 때는 너무 어려워하지 말고,「죄송하지만 다시

한 번 질문해 주십시오.」라고 정중히 부탁하는 것이 좋다.

(6) 상대방의 말을 끊지 말 것

집단토론에서는 상대방(다른 응시생)의 말을 끊지 말아야 한다.

(7) 면접관의 질문에 2초쯤 쉬었다가 대답할 것

면접관의 질문을 듣고 곧바로 말하지 말고 2초쯤 쉬었다가 대답하는 것이 신중해 보인다.

2) 입실할 때의 매너

(1) 문을 열기 전에 심호흡을 할 것

마음을 진정시킨 후 입실할 것. 크게 심호흡을 하면 효과적이다.

(2) 문을 3번 두드리고 "들어오세요."라는 말을 할 때까지 기다릴 것

가볍게 3번 노크하고, "들어오세요."라는 소리가 들리면 문을 엽니다.

(3) "실례합니다."라고 조용히 말하면서 문을 열 것

문을 조용히 열고 "실례합니다."라고 말을 하면서 입실하면 돌아서서 조용히 문을 닫는다. 이때 밝은 모습으로 웃는 얼굴을 유지하며 들어선다.

(4) 자기소개를 하고 45도로 허리를 굽혀 인사할 것

면접관에게 다가가 남자는 양손을 계란 쥐듯이 하여 바지 양옆 재봉선에 붙이고, (또는, 남성은 왼손을 오른손의 위로하여 모은다.) 여성은 오른손을 왼손의 위로 하여 아랫배 정도에 모은다. 「안녕하십니까? OOO입니다. 잘 부탁드립니다.

라고 인사를 하며 45도 각도가 유지되도록 인사를 한다. 이 때 마음속으로 천천히 하나, 둘, 셋을 세면서 구부리고, 시선이 너무 아래를 향해서는 안 된다. 넷, 다섯, 여섯을 세면서 서서히 몸을 편다. 인사를 할 때에는 고개를 숙일 때보다 천천히 일어나야 더욱 정중해 보이기 때문이다. 상체를 일으키고 면접관을 바라본다.

(5) 면접관이 앉으라고 할 때 자리에 앉는다

　면접관이 앉으라는 말을 하면 "감사합니다."라고 공손히 말하며 최대한 소리가 나지 않게 앉는다.

3) 1분 자기소개

　실전면접에서는 응시자의 마무리 발언 시간이 있다. 대략 1분정도이다. 1분 자기소개는 자기 자신을 회사에 적극 알릴 수 있을 뿐 아니라 좋은 첫인상을 심어 줄 수 있는 기회가 될 수도 있으므로 중요하다. 면접관들은 "마지막으로 하고 싶은 말이 있으면 1분 안에 하세요."라든지, "오늘 면접에서 미처 하지 못한 말이 있거나 하고 싶은 말이 있으면 하세요.", "마지막으로 질문이나 할 말이 있으면 하세요." 또는 "마지막으로 말할 기회를 드릴 테니 말씀해 보세요." 라고 말하기도 하는데 이때 "할 말 없습니다.", "질문 없습니다."같이 말을 하여 주어진 마무리 발언시간을 제대로 활용하지 못하고 포기하는 경우에는 좋은 인상을 주기 어렵다. 1분 자기소개는 응시자가 면접과정에서 자기 실력을 다 발휘하지 못했거나, 답변하지 못하고 놓친 점을 만회할 수 있는 절호의 기회이므로 마무리 발언을 할 때는 이 회사에 입사하고 싶다는 열렬한 의지를 보여주는 것이 중요하다. "뽑아만 주신다면 최선을 다하겠습니다."라고 천편일률적으로 말하기 보다는 "입사해서 면접관님을 자주 뵙고 인사드릴 수 있기를 진심으로 기대하고 꼭 필요한 인재가 되겠습니다."라는 식으로 잘 보이기 위해 하는 말이더라도 적극적인 모습을 보이는 응시자에게 면접관은 더 끌리게 되어 있다. 그러므로 적극적으로 의지와 열정을 가지고 자기자신을 표현을 하는 것이 좋다. 또한 면접관들은 자기소개

내용보다는 응시자의 첫인상, 자세와 태도, 말솜씨 등 비언어적 요소를 살피는데 중점을 두고 주어진 시간에 자신을 얼마나 효과적으로 표현하는지 관찰한다.

1분 자기소개의 원칙

- 첫인상과 외모, 자세와 태도, 말투의 중요성을 인지하고 신경을 쓴다.
- 자신의 장점과 특기를 집약적으로 말한다.
- 장점과 특기가 발휘된 구체적 사례를 덧붙인다.
- 사례는 최근 것일수록 강한 인상을 준다.
- 자신의 장점이 회사의 업무와 수입에 어떠한 이점으로 작용할지 설명한다.
- 외워서 발표하듯이 하지 않고 자연스럽고 담담하게 자신을 표현한다.

4) 성공 면접의 중요한 7가지

기업들이 채용과정에서 면접 비중을 강화하고, 다양한 면접기법을 도입하고 있어 구직자들의 '면접 부담'이 한결 늘고 있다. 성공면접 7계명을 명심하고 면접 전에 준비하면 좋은 결과가 있을 것으로 본다.

(1) 입사지원서 작성에 신경 써라

면접관의 관심을 끌 만한 사항을 직무능력 중심으로 기록하자, 입사지원서에 질문의 실마리를 제대로 제공하지 못한다면 면접관은 여러 각도로 지원자를 테스트하게 되며, 이 과정에서 예상치 못한 질문이 쏟아지게 된다.

(2) 실전(實戰)과 같은 연습을 하라

면접 볼 회사의 성향과 지난 면접 정보를 분석하여, 실전처럼 대답해보는 연습을 해야 한다. 머릿속으로 막연히 생각하는 것과 구체적인 말과 영어를 구술하는 것은 확연히 다르다.

(3) 면접하는 날엔 신문 읽고 임하라

면접 당일 반드시 신문을 읽어 그날의 화제(話題)를 미리 알고 있어야 긴장하지 않고 침착하게 면접에 임할 수 있다.

(4) 단답형보다는 구체적으로 얘기하라

인사담당자가 "자신의 장점이 무엇입니까?"라고 물어왔을 때 "책임감이 강합니다."라는 단답형보다 학교생활 등에서 책임을 맡고 수행했던 일의 과정과 결과를 설명하면, 면접관으로부터 신뢰를 받을 수 있다.

(5) 상대방의 말을 성실하게 들어라

구직자들은 짧은 시간에 자신을 소개하기 위해 많은 말을 하게 된다. 하지만 인사담당자의 말을 진지하게 청취하는 것은 자신이 말을 많이 하는 것만큼 중요하다.

(6) 원하는 근무조건을 미리 준비하라

당신이 생각하고 있는 근무조건에 대해 애매한 대답이나 자신 없는 표정, 회사의 조건과 차이가 많이 나는 답변, 또는 "월급은 회사의 규정에 맞게 알아서 주시면 됩니다."라는 주관 없는 무조건적인 수용 등은 최종 관문에서 면접 응시자를 떨어뜨릴 수도 있다.

(7) 끝까지 긴장을 풀지 마라

면접장에 들어올 때 노크소리, 입실할 때의 태도, 문 열고 닫을 때의 모습, 인사하는 법, 앉는 자세, 말하는 법 등을 통해 인사담당자는 아주 세세한 부분에서부터 당신에 대해 점수를 매기게 될 것이다. 인사를 안 하고 뒤돌아 나오거나 허둥대는 모습은 당신에 대한 신뢰를 허물어뜨릴 수도 있습니다. 면접 대기부터 회사를 나오는 순간까지 경거망동은 금물이다.

5) 성공적인 취업전략

구분	성공하는 사람	실패하는 사람
면접 준비	• 답변의 준비 · 연습을 충분히 했다.	• 충분한 준비를 하지 않았다.
지원 서류	• 모든 항목에 기입 • 면접 전에 복사본을 확인	• 복사본도 만들지 않고 제출했음.
방문 태도	• 약속시간 전에 방문 • 비즈니스 매너가 몸에 베여 있다.	• 약속시간에 아슬아슬하게 방문 • 회사원으로서의 매너 부족
면접 태도	• 적극성이 느껴진다. • 예의 바르고 호감을 주는 인상 • 면접을 해주셔서 감사하다는 태도를 보인다. • 이야기를 경청한다. • 강한 의지가 느껴진다. • 표정이 밝다.	• 무책임한 태도 • 자신의 입장을 이해하지 못한다. • 면접관에게 거만한 태도를 보인다. • 이야기를 경청하지 않는다. • 즉흥적으로 답하는 인상 • 표정이 어둡다.
답변 내용	• 간결하지만 답변의 의미를 이해할 수 있다. • 좋은 인품이 느껴진다. • 내용에 모순이 없고 납득할 수 있다.	• 답변의 내용이 부실하다. • 답변의 의미를 이해하기가 어렵다. • 내용을 신뢰할 수 없다.

사진을 촬영할 때 유의사항

1. 여성

① 머리 : 머리가 긴 경우, 단정하게 묶는다.

상황에 따라 머리를 풀어야 할 경우에는 반드시 귀 뒤로 머리를 넘기도록 한다.

앞머리가 있는 경우, 옆으로 붙여 이마의 반이라도 보이게 한다.

② 복장 : 목을 다 덮는 상의는 피하고 단색계열의 상의를 입는 것이 좋다.

어느 계절에 찍더라도 춘추복 정장을 입고 찍는다.

③ 액세서리 : 귀걸이는 귀밑 0.5cm를 넘지 않고 달랑거리지 않는 부착 형이 좋다.

목걸이는 폭 2mm이내의 단정한 모양으로 착용한다.

안경은 빛을 반사시키므로 안경대신 가급적 렌즈를 착용하고 촬영하는 것이 좋다.

④ 화장 : 화사하고 세련된 분위기를 연출하도록 하며 강한 인상을 주는 메이크업은 피한다.

2. 남성

① 머리 : 앞머리는 빗어 넘겨 이마를 보이도록 한다.

　헤어제품(젤, 무스, 스프레이 등)을 반드시 바른다.

② 복장 : 정장에 넥타이는 필수. 이때 넥타이는 정장용이어야 한다.

③ 액세서리 : 귀걸이는 가급적 하지 않는다.

　안경은 얼굴형에 어울리는 것으로 착용하되 렌즈는 색이 조금이라도 들어간 것은 안 된다.

　안경은 빛을 반사시키므로 안경대신 가급적 렌즈를 착용하고 촬영하는 것이 좋다.

④ 메이크업 : 남성이라도 피부색을 조금 커버해주는 크림이나 로션을 바르는 것도 괜찮다.

3. 면접 이미지메이킹

　면접은 회사와 응시자 간의 공식적인 첫 대면이다. 우리속담에 '옷이 날개'란 말이나 '이왕이면 다홍치마'란 말이 있을 정도로 옷차림은 중요하다. 따라서 면접 자리에 예의를 갖춘 옷차림은 자기 자신의 마음가짐과 태도를 보여 주는 상징이 므로 지원한 회사에 대한 예의를 갖추어야 할 것이다. 여름에 여성지원자가 스타 킹을 신지 않고 붉은색 패디큐어에 샌들을 신고 면접에 임하게 되면 좋은 인상을 줄 수가 없다. 그러므로 면접시 용모복장은 외적으로 보이는 시각적 이미지로 인 하여 그 사람의 특성과 성격까지도 짐작할 수 있기 때문에 면접 시 신경을 써야 한다.

　면접도 의사소통의 일종이기 때문에 메라비언의 법칙이 적용된다. 미국 UCLA의 앨버트 메라비언 박사가 1967년 「컨설팅 심리학」이란 학술지에 처음 발 표한 이 법칙은 사람이 의사소통을 통해 상대방에게 받는 이미지는 시각적 효과 (외모, 표정, 태도)가 55%, 음성(빠르기, 음률)이 38%, 말하는 내용이 7%를 차 지한다는 이론인데 시각적인 이미지가 첫인상을 좌우한다고 할 수 있다. 시각적 이미지로 큰 영향을 주는 순서로는 헤어스타일, 표정, 옷차림, 자세, 행동 등이 있다. 치렁치렁한 긴 머리, 화려한 옷차림과 액세서리 보다는 깔끔하게 정리된 머리와 유행을 타지 않는 심플한 복장(정장), 액세서리는 3개를 넘지 않는 등 단정한 용모복장은 면접관에게 신뢰감을 주는 이미지로 보여 진다.

여기에 세련된 인사와 행동은 '나'를 더욱 돋보이게 한다.

면접에서의 이미지메이킹은 단순히 그날의 용모복장에만 국한되는 것이 아니라, 자세, 말하기, 표정 등이 통합된 총체적 이미지인 것이다.

'성공하려면 성공한 사람으로 보여라'란 말은 일리가 있다. 서류심사가 통과되고 면접시험에서 떨어지는 일이 없도록 만반의 준비를 하고 면접에 임한다면 분명 좋은 결과가 있을 것이다.

1) 바람직한 여성 지원자, 용모복장

면접 시 여성의 복장은 매우 중요하다. 깔끔하고 심플한 이미지의 복장은 좋은 첫인상을 줄 수 있다.

최근에는 많은 회사들이 수시채용으로 한 두 명의 인원을 채용함으로써 자유로운 복장으로 면접이 이루어지기도 하나 한 가지 면접자가 간과하고 있는 것은 깔끔한 정장 스타일의 면접자가 첫 이미지부터 더 많은 점수를 받는다. 정장의 색상으로는 검은색, 짙은 감색, 회색 계열이 무난하다. 지나치게 화려하거나 튀는 색상은 개성을 드러내는 데는 효과적일지 모르지만 품위 있는 직장인으로 보이기 어렵다. 어떠한 경우에도 요란한 옷차림은 피하고 액세서리에도 신경을 써야 한다. 안경을 쓰는 지원자는 면접 당일에는 렌즈를 착용하는 것이 좋다. 화장은 자연스럽게, 손톱은 깔끔하게 정리하고, 구두는 깨끗하게 닦아 신는다.

면접 시 실력이나 성실성 그리고 근무를 하고자 하는 자세, 이 부분에 있어 재평가되기도 하나 이왕이면 처음부터 좋은 이미지를 만들고 들어가는 것이 취업에 있어 훨씬 더 유리할 것이다.

(1) 살이 찐 여성의 용모

- 장점 : 따뜻하고 차분하고 편안해 보인다.
- 단점 : 단정치 못한 인상을 주고, 자제력이 없고 처져 보인다.

① 단정한 머리, 깨끗한 화장은 머리와 얼굴에 관심을 끌어 전체적으로 정돈된 이미지를 준다.

② 화려한 색깔의 액세서리보다는 심플한 것을 선택하고 주렁주렁한 것은 피한다.

③ 단정하고 진중하게 보이려면 진한 감청색, 밤색, 회색 계통의 정장이나 원피스를 입는다.

④ 너무 두꺼운 옷감이나, 살이 비치는 얇은 감은 피한다.

⑤ 블라우스 프릴(frill), 요란한 무늬, 체크무늬 등을 피하고, 소매를 강조하는 것을 피한다.

⑥ 자신에게 가장 잘 어울리는 옷을 입는 것이 좋다. 너무 조이거나 너무 큰 옷은 좋은 인상을 줄 수없다

⑦ 안경테는 검정이나 진한 밤색을 피하고 가벼운 테로 한다.

⑧ 서류 가방은 중간 크기로 하되 핸드백과 동시에 들지 않는다.

⑨ 신발, 스타킹까지 같은 색 계통으로 신어 전체적으로 길게 보이게 한다.

⑩ 신발은 하이힐, 앞이 트인 것, 줄로 엮은 것, 버클이 있는 것을 피한다.

(2) 키가 큰 여성 용모

• 장점 : 자신감 있고 설득력 있게 보인다.
• 단점 : 체력까지 크면 권위적, 남성적으로 보이기 쉽고, 말랐으면 긴장되어 있고 어딘지 어색해 보일 수 있다.

① 체격이 크면, 베이지색 또는 연한 회색 정장이 좀 부드러운 이미지를 준다.

② 마른 사람은 진한 색 계통의 단색으로 정장, 원피스를 택하되, 부피를 더해 주는 감 을 택한다. 겨울에 고급 스웨터를 걸칠 수도 있다. 배가 나오지 않았으면 더블 상의를 입어도 좋다.

③ 체격이 큰 사람은 단색의 심플한 디자인의 블라우스를 입되, 큰 단추는 피한다.

④ 마른 사람은 프릴(frill)이 있는 것도 입을 수 있지만, 넓은 세로 줄무늬는 피한다.

⑤ 액세서리를 가능한 조금 쓰고, 단순한 것으로 한다.

⑥ 작은 무늬, 지나치게 앙증맞은 액세서리는 키가 큰 것을 강조할 뿐이다.

⑦ 허리가 긴 사람은 넓은 벨트를 눈에 띄게 할 수도 있다.

⑧ 얼굴이 큰 사람은 안경테를 연한 색으로 하고, 마른 사람은 너무 진한 색, 무거운 테를 피한다.

⑨ 핸드백이나 서류 가방은 중간 크기 이상으로 하고, 작은 것은 절대 피한다.

⑩ 신발은 낮은 굽을 신되, 너무 낮은 것을 피하고, 장식이 요란한 것을 피한다.

(3) 키가 작은 여성 용모

- 장점 : 젊고 활동적으로 보인다.
- 단점 : 위엄 있어 보이기가 힘들고 영향력도 없어 보인다.

① 자신 있고 위엄 있게 보이려면 감청색, 검정색, 낙타색, 회색 정장이나 재킷이 있는 원피스를 입는다. 정장이나 드레스는 단색이 좋고, 재킷과 치마의 색깔이 대조적인 것을 피한다.

② 디자인은 단순하고, 어깨가 지나치게 강조된 것을 피한다.

③ 진한 색깔의 립스틱이나 매니큐어를 피한다.

④ 안경은 얼굴형과 크기에 맞추되, 지나치게 큰 테를 피한다.

⑤ 액세서리는 단순한 너무 크거나 요란한 것은 피한다.

⑥ 서류 가방과 핸드백은 작은 것으로 해서 시선을 끌지 않도록 한다.

⑦ 여성스러운 작은 시계나 단순하면서 우아한 팔찌 등으로 포인트를 줄 수도 있다.

⑧ 정장 상의나 재킷 포켓에 고급스런 작은 스카프를 넣으면 성숙해 보이고, 위엄도 있어 보인다.

⑨ 신발은 하이힐을 신되, 불안해 보일 정도로 높은 것은 피한다.

머리 모양

(1) 긴 머리

긴 머리의 경우, 면접 시에 가장 선호하는 길이는 어깨선을 기준으로 했을 때, 약간은 더 길거나 짧은 헤어스타일이 좋다. 적당한 길이라면 자연스럽게 풀어도 좋지만, 어깨에서 더 길은 머리라면 반드시 핀이나 끈으로 단정하게 묶어주거나 스튜어디스처럼 망사로 감싸 올려 주면 깔끔하고 단정한 인상을 주기 때문에 비서나 매니저 코디네이터 등 대인관계를 위주로 하는 직업에 지원을 할 경우 플러스 요인이 될 수 있다.

앞머리는 이마를 가리지 않는 것이 좋지만 이마에 자신이 없는 경우에는 이마의 3분의 2정도는 보이게 하는 것이 자연스럽다.

(2) 짧은 머리

커리어 우먼 이라는 이름에 가장 잘 어울리는 헤어스타일은 일명 아나운서 머리모양을 이야기 하는 쇼트 헤어나 단발 스타일 이다. 이러한 머리모양은 활동적이고 적극적인 이미지를 주기 때문에 능력을 중시하는 전문직 여성에게 추천하는 스타일이다. 하지만 관리를 안했을 경우에는 딱딱하고 경직되어 보일 수 있으므로 되도록 부드러운 느낌이 들도록 손질 하는 것이 좋다. 지저분하지 않을 정도로 층을 넣어 곡선을 넣으면 한결 자연스러운 스타일링이 가능하다. 특히 짧은 머리라도 너무 짧게 잘라버리면 활동적이다 못해 남성적인 이미지를 줄 수도 있으므로 주의해야 한다.

2) 바람직한 남성 지원자, 용모복장

(1) 머리모양

머리카락이 이마를 덮지 않고 옷깃에 닿지 않도록 깔끔하게 정리한다. 머리가 지저분 할 경우 면접일 며칠 전에 자르고 손질 하는 것이 면접당일 머리모양이 자연스럽다.

(2) 얼굴

남성의 경우 로션만 바르게 되면 얼굴색이 어두워 보일 수 있으므로 칼라로션을 약간 사용하여 얼굴색을 밝게 하는 것도 좋다.

(3) 의상

와이셔츠는 아이보리색이나 옅은 하늘색이 좋고 양복의 색은 짙은 회색이나 감색이 적당하다. 벨트는 버클이 화려하지 않은 정장벨트를 착용하도록 한다. 최근에는 정장차림에 양말을 신지 않고 구두를 신는 경우가 있는데 양말은 양복의 색과 맞추거나 짙은 색깔로 발목 위까지 올라오는 것은 꼭 신는다. 이때 흰 양말은 어떠한 경우라도 피하도록 한다. 윗옷이나 바지 주머니에는 옷매무새가 매끄럽도록 담배나 휴대폰을 넣지 않는다.

저자약력

저자_우경환

청주대학교 경영학과 경영학사
숭실대학교 전자계산기과 공학석사
청주대학교 전자계산기과 공학박사
현) 우송정보대학교 병원행정과 교수
대한병원행정관리자협회 자문교수
한국병원경영학회 이사
대한병원코디네이터협회 이사
보험심사평가사 자격시험 출제위원
병원코디네이터 자격시험 출제위원

저자_정은희

우송대학교 경영대학원 경영학 석사
현) 우송정보대학교 병원행정과 겸임교수
대전보건대학교 의무행정과 외래교수
이미지한의원 부장역임
병의원 25년 근무경력
건양사이버대학교 보건복지경영학과 출강
간호학원 출강

저자_임남구

건양대학교 일반대학원 의학과 의학석사
건양대학교 일반대학원 보건학과 보건학박사
전) 건양대학교병원 의무기록팀 팀장
현) 대전보건대학교 의무행정과 교수

참고문헌

1. 강원국, 회장님의 글쓰기, (주)메디치미디어, 2014.

2. 고사성어, 예림출판사 편집부, 2015.

3. 김원동 외, 무한도전 성공면접, 책과 사람들, 2008.

4. 도다 사토루, 마법의 프레젠테이션 기술, 박종태옮김, 도서출판 이비컴, 2003.

5. 무라오카 마사오, 대화 잘하는 법, 김하경옮김, 더난출판, 2005.

6. 박정민, 이미지메이킹과 서비스 매너, 정림사, 2008.

7. 배상복, 일반인을 위한 글쓰기 정석, 경향미디어, 2006.

8. 서형준, 면접의 정석, 도서출판 부키, 2008.

9. 송애랑, 병원CS교육실무, 도서출판 아카데미아, 2012.

10. 우지은, 30일 완성 목소리 트레이닝, (주)위즈덤하우스, 2010.

11. 윤치영 스피치커뮤니케이션, 2014.

12. 중앙일보 어문연구소, 우리말 바루기, 도서출판HadA, 2014.

13. 한종구 외, 사고와 표현, 한올 출판사, 2011.

14. 국립국어원. www.korean.go.kr